# 「学び」が深まる実践へ　2

## 用水路にホタルを戻したい！—5歳児の SDGs への挑戦

### 磯部 裕子 編著
### 大江 文 著

JN061296

目 次

Ⅰ　はじめに　1

Ⅱ　保育内容を創ることの意味　2

Ⅲ　保育の環境と内容の創り手としての子ども

●事　例●　用水路にホタルを戻したい！—5歳児の SDGs への挑戦

1．アメリカザリガニとの出会い　6
　●ザリガニの命もひとつの命？　9
　●卒業生の授業（第1回）　11
　　●コメント●　子どもも保育者も保護者も当事者として　14
　●赤ちゃんザリガニ捕まえた！　16
　●卒業生の授業（第2回）　17
　　●コメント●　「教えること」を超える教育　19

2．ホタルブクロとの出会い　21
　●ホタルを絶対見たいから　22
　●ホタルいなかったね……　24
　●やっぱり駆除しなくっちゃ……　26
　　●エピソード●　アメリカザリガニも食べられる……　27
　　●エピソード●　アメリカザリガニを食べる!?　30
　●アメリカザリガニを食べるのは僕たちだけじゃない!?　32
　●食べて駆除するぞ！　33
　　●エピソード●　「アメリカザリガニ」を食べる!?　34

３．用水路はどこにつながってるの？　36
　　●川の始まりはとってもキレイ　37
　　●ちび泉ヶ岳を作ろう　39
　　●きれいな川ってどんな川？　41
　　　●コメント●　体験がつながり遊びが生まれる—制作に表現される
　　　　　　　　ドキュメンテーション　43

４．ホタルの幼虫との出会い　44

５．ゴミを拾うことをあきらめない　47
　　　●コメント●　ゴミ拾いが保育内容!?　49
　　●地球にやさしいこと考えよう　50
　　　●エピソード●　地球コンポスト　51
　　●ラップでみんなに伝えたい　53
　　●なんでゴミを捨てる人がいるんだろう？　56
　　●歌で伝えたい「みんなの地球」　58
　　●命の繋がりを感じる—卒園式の前日—　60

６．ホタルがやってきた！—あきらめなかった子どもたちの思い—　62

Ⅳ　5歳児が問うSDGs　65

Ⅴ　おわりに　67

# I　はじめに

　シリーズ2冊目の本著は，幼保連携型認定こども園やかまし村※の実践を通して，保育内容を構築する上での課題について考察してみたい。

　保育の実践内容は，保育者が，計画し，立案し，実践する。小学校以上の学校教育においては，学習指導要領に基づく教科書も指定されていることから，年間の学習内容は，多くの場合，教師側の計画に従って進められる。通常，○学期はどこまでの授業を進め，○月には，この単元を終了させるということが事前に計画されており，それに従って日々の学習内容が決められていく。こうした国家が学習内容を決定し，学校や教師が具体的に計画し「教師が教授する」という実践の問題点は，我が国の教育史を顧みても，何度となく見直され，これを超えようとする実践が創り出されてきた。しかし，多くの場合，その「新しい実践」が全国的に定着，発展することはなかった。保育においても同様である。幼稚園教育要領，保育所保育指針，幼保連携型認定こども園教育保育要領においては，学習指導要領のように具体的な教育内容が示されていないことから，保育内容の具体的決定は，保育の場に任されている。だからこそ，それぞれの保育の場が，地域の実情や子どもの姿を読み取りながら保育内容を創り出して行く自由度があるにも関わらず，この保育内容を生成することのダイナミズムを実践に反映させることなく，「例年通り」「雑誌を参考に」という実践の中に納まってしまう事例も少なくない。

　こうした実情の背景には，保育における計画，保育者が教授することを超える保育の実践方法，保育という invisible（見えない）な実践の評価など，実践を創造するうえで必要な理論とその具体が保育の場を巻き込んで，十分に検討されていないことにあるように思う。もちろん，す

でにこれに関わる優れた研究は着々と進められているし，これらの課題を乗り越えた実践も多々生まれている。しかし，それらが未だいくつかの「優れた実践」として語られるに留まり，定着できずにいることも事実である。

　本著の実践は，前述した保育の「計画」「方法」「評価」を再考する上で，いくつかの問題提起をしている。園をとりまく環境とそれに向き合い，自らの手で新たな環境を創り出して行く子どもたち，そして子どもの興味に寄り添いながら，迷い，思考し，選択し，保育内容の可能性を探り続ける保育者の姿等，本著は，前著同様，彼らの 1 年間の生活と遊びの記録であるが，読者の皆様には，これらを読み進めていただきながら，前述した課題をそれぞれの場で議論していただく契機にしていただけば幸いである。

　　※幼保連携型認定こども園やかまし村は，シリーズ 1 の実践園である幼保連携型認定
　　　こども園みどりの森の姉妹園である。

## Ⅱ　保育内容を創ることの意味

　保育におけるカリキュラムや内容をどのように決定していくのか—これは，保育という実践を構築する上で，大きな課題の一つである。多くの園では，園のカリキュラム（全体的な計画），年間計画，月案，週案，日案などの計画が作成されており，これらは，保育者がそれぞれに必要な時期に子どもの姿や発達，遊びの様子を見ながら再構成していく。これらのフォームや記載内容は，国や自治体で決められているわけではないことから，園がそれぞれの園の実情に応じて必要だと判断する内容を記載していけばよい。したがって，すべての園がこれらの計画をすべて用意しているわけではなく，園の方針に従って，月案と週案が一体化し

ていたり，週案を具体化することで日案を省略したりするなど，ある程度の自由な作成が認められている。しかし，この自由度が現場に困難を生んでいる。テキストや月刊誌には，さまざまな計画が紹介され，「なるほど」と思いつつも，園の実情には必ずしも一致しない。それは地域が異なり保育の対象となる子どもが異なるわけであるから，ある意味当然のことでもある。そこで，各園が実情に応じた計画を立案すればよいということになるのだが，いくら「いまここ」の子どもの姿を読み取り，それをもとに「予想する子どもの姿」を描こうとしても，長期の計画にそれらを反映させることは難しい。そこで，結果的に，テキストにあるような，あるいは昨年と同様の「ごく標準的な計画」が立案されがちとなる。この「ごく標準的な計画」が，保育の見通しとなり，一つの「仮説」として，子どもの姿を観ながら，常に修正，更新されていくのであればよいのだが，計画が先行し，計画通りの実践を着実に行う（こなす）ことが優先されると，保育の本質との大きなずれが生じてしまう。

　遊びや生活を中心として行う保育という営為は，子どもの興味や関心にその出発点を見出す。「主体的な実践」を志す保育は，子ども自身が「やってみたい！」「面白そう！」と心が動いたとき，遊びが始まり，生活が動き出す。ここに保育者の計画とのずれが生じることは当然のことである。この「ずれ」をどのように修正しつつ，保育の意図と整合性を取りながら，実践を創り出していくか。ここに，保育の難題がある。

　本著に紹介する事例は，園の近くの用水路で捕まえた外来種であるアメリカザリガニに出会い，駆除するか否かで迷い，悩み続ける子どもたちと保育者の姿から始まる。園の方針，保育の方向性としてすでに出ている結論がありつつも，「いまここ」の子どもたちの姿に揺さぶられながら，一つ一つの段階を選択していく保育者の苦悩と決断は，年間計画

や月案，週案として事前にまとめられた保育の計画には表現しきれない物語を紡ぎだしている。子どもの思いと保育者の意図や計画とのずれを修正し，「ここだ！」という点を見つけ出すことが，こんなにも困難なことであることをこの実践は示している。言い換えるなら，子ども主体の保育の実践とは，こんなにも困難で，悩ましく，子どもと保育者が共に試行錯誤を重ねた先に，ようやくたどり着く—いや，たどり着いたと思ったら，またするりと逃げ出していく—そんな営みであるということでもある。

　こうした困難な実践を考える時，OECDの「学びの羅針盤2030」の中で示されている「2030年に向けた生徒エージェンシー」の以下の記載は，大きなヒントになる。「生徒エージェンシーを奨励する教育システムにおいては，学習は指導や評価だけではなく共に構築する（co-construction）営みであるという考え方が含まれます。教師と生徒が教えと学びの過程（教授・学習過程）を協働して創っていくときに，共同エージェンシー（co-agency）を示します。共同エージェンシーの概念によって，共有された目標に向かって生徒が邁進できるように，生徒，教師，保護者，そしてコミュニティが互いに手を取り合うことの大切さに気づくことができるのです」

　"student-agency"を奨励する教育システムとは具体的に何なのか，そして，そこから生まれる実践とはどのようなものなのか。それは，これからの我々の大きな課題になるに違いない。ここに紹介する実践は，「子ども主体の保育」を実践しようとする保育者が，計画や環境を整えることで学び手としての子どもが保育者の援助によって遊びを深めていくことに留まらず，子どもと保育者が，共同して構築する（co-construction）

1　秋田喜代美他「Student Agency for 2030 仮訳」p.3

実践の世界が描き出されている，と言ってもいいだろう。

　つまり，私たちがたどり着こうとしてもなかなかたどり着けずにいた「子ども主体の保育」の「これから」を考えるヒント—それは，保育の計画，方法，評価の一つ一つの検証でもある—がこの実践にあるように思われる。この実践を通して，それらを明らかにする問題提起とさせていただければと思う次第である。

## Ⅲ　保育の環境と内容の創り手としての子ども

### ●事例●　用水路にホタルを戻したい！—5歳児のSDGsへの挑戦

　本園は，平成29年に仙台市初の新設こども園として誕生し，令和5年現在，開園から7年という歴史の浅い幼保連携型認定こども園である。本園の姉妹園である幼保連携型認定こども園みどりの森（シリーズ1参照）と同様，「生活を通して保育をする」という理念を保育の根幹におきつつ，ゼロから実践を創りあげてきた。園名である「やかまし村」の名前通りに，子どもたちには村での生活者として，主体的で自立した生活を送ってほしいと願いつつ，日々保育内容を構築している。園の周辺は，政令指定都市である仙台市とは思えないほどに，豊かな自然が残されており，街中にある姉妹園とは異なった自然環境を生かした実践を積み重ねている。

　本事例は，2021年度年長児（けやき組）30人と保育者3人が自然の中で，共に生きる生き物と向き合い，試行錯誤する1年間の生活の記録である。

## 1．アメリカザリガニとの出会い

　4月。進級した年長児たちは，園の西側に広がる田んぼの脇を流れる用水路に出かけていくことに胸を躍らせ，網を持って園の裏門から用水路へと続く道を降りて行った。流れる水の心地よさと生き物が生息する用水路は園の子どもたちとって，魅力的な場所であり，機会を見ては出かけていきたい場所になっている。用水路近くの田んぼで田植えをするのは年長児であることから，子どもたちの中では，なんとなく用水路は「年長児のもの」といった意識があり，年中時代は年長児がいない時間を見計らっては時々出かけていく場所となっていたが,年長組（以下「けやき組」と掲載）に進級した今，用水路はいよいよ本格的に自分たちのモノとなった。さっそく数人の子どもたちが用水路に何かいないかと網を入れていたところ，ペットボトルが沈んでいるのを見つけた。「これ，なんだろう？ ゴミかな？」すくいあげてみると何やらただのペットボトルではない。「なんでこんなところにあるんだろう？」「これは魚の罠なんじゃない？」と子どもたちは興味深げにそのペットボトルをのぞき込んだ。「何か入っているよ？」と，**じん**が恐る恐るペットボトルを開け「うわぁ！ なんだこれ？」と大きな声を上げた。

　「ザリガニだ！」このペットボトルは罠となるような仕掛けになっており，中に大きなザリガニがかかっていたのである。これは一昨年の年長児が作ったペットボトル製の仕掛け罠であった。「こんなに大きなザリガニがこの罠で捕まえられるんだね！」と子どもたちは思わぬ獲物に大喜びした。保育者はというと，子どもが見せてくれた生き物が，アメリカザリガニだということを知った瞬間，「えっ。どうしよう！」と困惑を隠せなかった。なぜなら，一昨年の年長組が，この用水路で捕まえた外来種（アメリカザリガニやオオクチバス）との出会いを通じ，試行

錯誤を重ねつつ,「外来種である生物は飼育することなく駆除すること」（ソニー教育財団論文参照）という結論に至ったことが頭をよぎったからである。保育者は，当然その際の子どもと当時の保育者のやり取り，その選択に至った経緯や実践の意味していたことを知っていた。しかし，その実践が深められていた当時，このクラスの子どもたちは年少児であったこともあり，年長組の子どもたちの姿は見ていたものの，外来種のことや生き物を駆除することの本当の意味やそこにあった子どもと保育者の葛藤等を十分に理解しているはずもなかった。子どもたちは，目の前にある仕掛けやアメリカザリガニを見ながら，「この罠を作ったらもっと魚やザリガニがたくさん捕まえられるんじゃない？」「ボクたちも作ってみたい！」とザリガニの発見に高揚し，さっそく罠を作ろうとペットボトルを探しに行こうとしていた。

　子どもたちは園に戻ると「前のけやきさんが作った罠だから，みさと（一昨年の年長組（けやき組）担任保育者）に聞いたら作り方が分かるかもしれない！」と，早速みさと先生の元へ駆け寄って行った。

　子どもたちは罠をみさと先生に見せながら「みて！この中に，ザリガニが入っていたんだよ！」「すごいでしょ？」と口々に自分たちの発見を得意げに伝えた。その姿を目にしたみさと先生は，「アメリカザリガニを捕まえたんだね。」と困った表情で，つぶやくように子どもたちに声をかけた。子どもたちもいつもと違うみさと先生の雰囲気を察しながら，次に続くみさと先生の話に聞き入った。みさと

8

先生は，この罠は，自分が担任していた一昨年の年長児が作ったこと，アメリカザリガニは外来種で，外来種は日本の魚や生き物を食べてしまうこと，一昨年のけやき組は，日本の魚や生き物を守るために罠をしかけて，アメリカザリガニとオオクチバスを捕まえて駆除していたこと，アメリカザリガニは捕まえたら川には戻してはいけないから，駆除するか死ぬまで一生飼い続けるか決めないといけないことを話してくれた。その話を聞いた子どもたちは，驚きと戸惑いが混ざっているような表情で「えぇ！日本の魚を食べちゃうの？」「駆除って何？」と次々と保育者に疑問をぶつけてきた。その一方で，「罠を作れば魚やアメリカザリガニがいっぱい捕まえられるね！」「このアメリカザリガニを家で飼いたいなぁ。」と嬉しそうに話す姿も見られ，この時点では，駆除のことも外来種のことも，その新しい言葉を新鮮に感じたものの，子どもたちの本当の関心事にはなっていない様子だった。

　翌日，**あかり**と**ひより**が「ペットボトルで罠を作りたい！」とさっそく家からペットボトルを持ってきた。他の子どもたちも，給食室や職員室からペットボトルを探してきて，絵本（かがくのとも 『ぼくのわたしのすいぞくかん』福音館書店）に載っていたペットボトルの罠の作り方を見ながら作りはじめた。そして，出来上がった5つの罠を用水路に仕掛けに行った。しかし，軽いせいか罠が浮いてしまったり，水の勢いで流れていきそうになってしまい，その様子を見ながら，子どもたちは「罠が流れてゴミになったらだめだよね。」と，1本の竹に麻紐でしっかり結び付ける等の様々な工夫をしながら，用水

路のいろいろな場所に罠を仕掛けた。

　このことがきっかけになり，用水路に仕掛けた罠を見に行くことが子どもたちの日課となった。最初はいつも空振りだったが，5月ごろから罠にアメリカザリガニが次々にかかるようになった。そのうち，網でも捕まえられるようになり，クラス前に置いた盥には，捕まえたアメリカザリガニがどんどん増えていった。

　盥の中の大量のアメリカザリガニをみて，子どもたちからは「どうする？」「駆除する？」という会話が出始めた。子どもたちは「駆除した方がいいと思うけど……怖い。」「ハサミで挟まれたら嫌だ。」「どうやって駆除したら良いか分からない……」と駆除を怖がる気持ちと共に，「殺しちゃうのは，可哀そうだよ。」と殺すことに抵抗のある子どもも大勢いて，この段階での子どもたちは，アメリカザリガニが増えていくと共に，駆除に対して迷う姿が見られ始めた。

● ザリガニの命もひとつの命？

　そんなやり取りを毎日のようにしていると，5月17日に，アメリカザリガニを捕まえた**そら**が，縁側で「アメリカザリガニを駆除しようと思う。だって，**そら**は日本の魚を守りたいから。」と言った。**そら**の横にいた**じん**が「でも，ごめんねって気持ちがないとだめだよ？**そら**はごめんねって気持ちあるの？」と尋ねた。**そら**

は，「うん。」と言ってアメリカザリガニの駆除を初めて行った。2人は死んだアメリカザリガニをずっと眺めていた。しばらくして，駆除したアメリカザリガニを自分たちの罠に入れ，仕掛けの餌にしていた。

　さらに数日が経ち，**こうたろう**の作ったザリガニの罠にアメリカザリガニがかかった。駆除しなくてはという思いは抱きつつも，子どもたちはその決断ができずにいた。「どうしよう？ 駆除する？」とその場にいた子どもたちで話し合うが，みな一様に「できない」と口をそろえる。先日，初めてアメリカザリガニを駆除した2人も「できない」「恐い」というのだ。すると，意を決したように，**こうたろう**が「誰もできないなら，**こうたろう**がやるよ。**こうたろう**の罠にかかったアメリカザリガニだから。」と言って，その場でアメリカザリガニをポキっと折って，駆除した。周りにいた子たちは「すごい！」「怖くなかったの？」「悲しくないの？」と尋ねていたが**こうたろう**は「全然〜」と答えていた。
　この行為を見て，保育者の駆除に対する迷いが芽生えた。増え続けるアメリカザリガニを見ながら保育者は子どもたちに，どこかの段階でアメリカザリガニを駆除することを選択して欲しいと思っていた。だが，いざ駆除する場面をみると本当にこれで良いのだろうか？ という疑問が芽生えた。保育者の言葉や先輩たちの姿を聞いて**こうたろう**が駆除しなければいけないと思って行動したことは，ある意味とても素直な行動である。そして，他の子どもたちが「すごい！」と**こうたろう**を称えたことも理解できた。しかし，なぜか保育者には大きな違和感があった。この出来事を**こうたろう**の保護者にも伝えたところ，保育者が感じた疑問や戸惑いを保護者も感じたようであった。わが子の行為は，手放しで喜ぶようなものではない。生き物の命を奪うという実感が無いまま，ま

たそれが外来種であることがわかっていても，駆除することに対する不安を口にされていた。

　なぜ駆除するのか，実感がわかないまま，駆除しなければならないと伝えても，子どもたちには伝わらないと考えた。保育者同士迷い，話し合った末，園長や一昨年の担任（みさと先生）に相談した。保育者が駆除の仕方やその理由を教えるのではなく，実際にアメリカザリガニを悩みつつ，迷いつつ駆除するという結論に至った卒園児（一昨年のけやき組）に直接園に来てもらい，彼らの体験したことをありのままに伝えてもらうこと（「授業」と呼んだ）が，子どもたちに伝わるのではないかとアドバイスを受け，さっそく卒園児にお願いすることにした。

### ● 卒業生の授業（第1回）

　5月24日，卒園児の**はすみちゃん**（小学2年生）が1回目の授業を担当してくれた。アメリカザリガニは外来種であり，日本の魚や水草を食べてしまうこと，オオクチバスのような特定外来生物はその場で駆除しなくてはならないこと，アメリカザリガニは捕まえたら逃がしてはい

けないこと，つまり駆除するか死ぬまで飼い続けなければならないことを詳しく教えてくれた。この時，一昨年は罠を作って，オオクチバスやアメリカザリガニを捕まえて駆除していたことを話してくれた。また，子どもたちが駆除ではない選択もできるように，アメリカザリガニの飼育方法についても詳しく教えてくれた。アメリカザリガ

第1回の授業で使った資料
（小学校2年生庵原葉澄作）

ニを一つの水槽に5匹以上いれると
共食いをしてしまうことやストレス
がかかって死んでしまうこと，隠れ家
や水草などもいれると良いことも教
えてくれた。

　ところが，1回目の授業の後，**こうたろう**の母の心配とは別に，**えい
と**の母からも「園や国の方針が駆除を選択する方向だとしても，今現
在のけやきの子どもたちに駆除を安易に教えることに疑問を感じます。
もっと目の前の自然や命とじっくり向き合い，感じ，考える過程を大事
にした方が良いのではないでしょうか。」「ザリガニも一つの命ですよね。
一昨年の子どもたちが1年かけてたどり着いた答えを，何も知らない
子たちにすぐに駆除のことを教えて，簡単に生き物を殺してもいいので
しょうか？」という意見が寄せられた。園長からもアメリカザリガニが
この後，特定外来生物に指定される見通し（2023年6月より特定外来
生物法に指定）だということや，農家ではアメリカザリガニを見つける
とその場で踏みつけて駆除すること等を伝え，一昨年度の実践でたどり
着いた知見を園としては大事にしていきたいということも伝えたが，ど
うしても納得していただけなかった。


　やはり，駆除するということと，生き物の命を大事にするということ
は容易に並列できるものではなく，そのことのもたらす意味や，結果に
ついても保育者はきちんと保護者にも説明していかなければならない。
数人の保護者とはいえ，納得できていない保護者に対して，適切な説明
ができずにいる保育者自身未熟さを痛感した。そのため，この課題をど

のように進めていくべきなのか，まったく見通しが持てずにいた。

　それから保育者間で，毎日話し合いを重ねた。確かに保護者たちの心配は保育者の心配でもあったが，外来生物のアメリカザリガニを大量に飼い続けるわけにもいかない。かといって，捕獲をやめるというのも，子どもたちの選択肢には無いことだと考えられた。一昨年の実践以降，「外来種であるアメリカザリガニとオオクチバスを捕獲し，駆除し，園周辺の用水路を守る」ということが，園の実践の方向性となりつつある中でそれと反する決断をすることにも抵抗があった。なにより子どもたちが夢中になっている用水路の遊びは，このまま続けていきたいという思いが一番強かった。保育者の中にも葛藤があり，なお結論も導き出せぬまま子どもたちに駆除を強いることはできないと，堂々巡りのままこの時点で，答えを出せてはいなかった。

　子どもたちの様子をよく観ていくと，子どもたちは真剣にアメリカザリガニと向き合ってきているのが分かった。アメリカザリガニを毎日捕まえる中で，昨日と今日で考えが変わることも増えていった。共食いして，死んでしまったアメリカザリガニを，駆除するように二つに折る姿が見られたり（死んでいるアメリカザリガニは動かない為），またストレスがかかって死んでしまったアメリカザリガニのお墓を作って埋めたり，自分達でアメリカザリガニとの関わり方を考えているようだった。

　子どもたちの姿を見ていくうちに，保育者たちは，やはりアメリカザリガニの駆除は避けては通れないことなのではないだろうかと考えるようになった。一昨年の子どもたちが1年かけて自分たちで導き出した結論は，彼らが卒園の際に残してくれたメッセージ「自分たちの用水路を守ることは自然を大事にすること。用水路の中の日本の魚を守るために

は外来種は駆除しなければならない。でも，駆除するオオクチバスやアメリカザリガニも生きている」であり，子どもたちにもきっとその思いが伝わっているのではないかと考える一方で，保育現場で「駆除」つまり，生き物を殺すという行為をどう考えれば良いのか，なぜアメリカザリガニを駆除しなくてはならないのか，アメリカザリガニの駆除の方法をどういう言葉でどういう風に考えたらよいのか，子どもたちが自ら体験して導き出した答えでないことを子どもたちにどう伝えたらよいのか。保護者もどうしたら納得してくれるのか。未だ明確な結論に至っていなかった。保育者も実際にアメリカザリガニを駆除してみたところ，何とも言えない気持ちになった。子どもたちが「駆除」に抵抗があることも，生きたままのアメリカザリガニをつかむ時に「挟まれるのでは」という恐怖もあるのだということも分かった。保育者間では，大人の私達でさえ難しい問題に，子どもたちは直面しているのではないか。これから，子どもたちは駆除に対してどう向き合っていくのか。話し合いを重ねたが，この子どもたちだからこそ導き出せる答えがきっとあるはずだと信じて，子どもたちと一緒に悩みながらも見守っていこうと決意した。

●コメント●

 **子どもも保育者も保護者も当事者として**

　園で行われている営みは，「保育内容」となることから，多くは園，あるいは保育者側が計画し，準備する。子どもの興味や関心を大事にしながら日々の保育を検討していくことが，実践を創り出すうえで重要なことであることは十分分かっているものの，保育者の計画

や意図と子どもの興味，関心と子どもの今の姿をどのように折り合いをつけていくか。この選択と判断が実践者を悩ます。

ここでは，「生きているアメリカザリガニを駆除する」という大きなテーマに対して，子どもも保育者も保護者も迷いながら，時間をかけて向き合っている。よく「保育はプロセスである」と言われるが，この大きなテーマに対して，迷い，悩み，議論し合う営為は，むしろ早々に結論を出してコトを進める以上に意味ある保育内容になっている。

注目すべきは，**こうたろうとえいと**の母の意見である。保護者が保育内容に対して意見を述べる際は，一般的に「クレーム」と捉えられがちであるが，ここでの意見は，そうではない。**こうたろうとえいと**の母もまた当事者として，この問題を真剣に考えているからこその意見である。だからこそ保育者もまたその意見を受け止め，共に悩み，検討を進めている。この「当事者性」に意味がある。子どもが羅針盤を持つ student-agency を超えた co-agency が，これからの保育内容や教育内容のあり様だとしたら，子どもも保護者も，保育内容を単に受け入れる側でなく，当事者として，子どもの学びと体験を創り出す担い手になっていく必要がある。そんなこれからの保育内容や教育内容の方向性のヒントを感じる一場面である。

（磯部裕子）

## ● 赤ちゃんザリガニ捕まえた！

　その後も子どもたちは，毎日のように用水路に出かけアメリカザリガニを捕り続けていた。6月2日，子どもたちは初めて赤ちゃんアメリカザリガニを網で5匹捕まえた。いつも捕まえているアメリカザリガニの大きさとはまったく違い，全長3cmぐらいのとても小さな赤ちゃんアメリカザリガニであった。捕まえた子どもたちが「大変だー！赤ちゃんアメリカザリガニを捕まえた！」と皆に大声で伝えて歩き，園庭で遊んでいた子どもたちも保育室に集まり，すぐにけやき会議が開かれた。

　　えいと：「赤ちゃんアメリカザリガニは日本の魚をまだ食べていないから駆除するのは可哀想だよ。」

　　み　か：「赤ちゃんだし，（駆除したら）お父さんとお母さんアメリカザリガニも寂しいし，悲しいと思う。」

　　たいち：「自分たちが捕まえたんだから，逃がせないし最後まで飼うしかないんじゃない？」

　りょうたろう：「赤ちゃんアメリカザリガニは育てて，大人になってから駆除するのはどう？」

　　ふみや：「アメリカザリガニは魚をいっぱい食べて，日本の魚がいなくなるからやっぱり駆除した方がいいよ。」

　このような友達の意見を聞き合いながら，子どもたちの意見は，行ったり来たりしていた。話し合った結果，この日は，みんなが同じ意見になるまでは，アメリカザリガニはそのまま飼うことにしようということで話が落ち着いた。

　ところが，翌朝赤ちゃんアメリカザリガニが5匹とも死んでいた。「何で死んじゃったんだろう？」「水を替えなかったからかな？」「餌をあげなかったからかな？」「アメリカザリガニの赤ちゃんって一体何を食べ

ているんだろう……？」と子どもたちはさらにいろいろと考えを巡らせていた。

　この出来事から，さらに「本当にアメリカザリガニを駆除してもいいのか」「自分たちに駆除はできるのか」「駆除したくない」と様々な思いが出ては消えの繰り返しの中で，話し合いは毎日続いた。子どもたちは，生活の中で（用水路で魚を探しているとき，昼食を食べているとき，泥団子をつくっているとき，家に帰ってからも……）仲間と意見を交わしながら，いつも「アメリカザリガニのこと」を考える様子が見られた。自分の考えに信念を持ち続けずっと同じ意見を貫く子もいれば，友達の考えを聞くたびに心が揺れ動き意見が行ったり来たりする子もいた。保育者たちは，子どもたちが何度も話し合い，ぶつかる中で，時間がかかっても子どもたちがみんなで出した答えにたどり着くまで，その過程を大事にしていきたいと考えていた。

## ● 卒業生の授業（第2回）

　6月21日には，第2回目の授業が行われた。卒園児の**そあ**ちゃん（小学2年生）に来てもらい，アメリカザリガニの駆除方法（具体的に駆除の手順），水質検査の方法などを話してもらった。アメリカザリガニの駆除の仕方では，**そあ**ちゃんが，トイレットペーパーの芯で作ったザリガニの模型を持ってきて，どうやって駆除するかを具体的に教えてくれた。また，実際に，用水路に行き，一昨年どこに罠を仕掛けていたかや，用水路の場所ごとに水をくみ取り，水のきれい

第2回の授業で使った資料
（鎌田そあ作）

18

さが比較できるようにしてくれた。実
際，水質検査をしてみると場所ごとに
水の汚さは異なっており，検査をして
いた場所の花が枯れていることに気づ
いた**そあ**ちゃんが，けやき組の子ども
たちに「ほらみて，この花枯れている
でしょ？ この土の下の水を吸って花

は大きくなるんだけど，水が汚いとこんな風にきれいに咲けないんだよ。
アメリカザリガニは水も汚しちゃうんだよ。みんなが大事にしている花
が枯れちゃうのはイヤでしょ？」とけやきの子どもたちに言葉をかけて
いた。それを聞いて「それは嫌だ！」と子どもたちも言っていた。子ど
もたちの言葉の強さと真剣な眼差しから，少しずつ子どもたちの意識が
変化しているのを感じた。

　実際に卒園児から直接アメリカザリガニの駆除について教えてもらう
という体験は子どもたちにとってとても心動く体験となったようだっ
た。保育者は子どもたちが駆除に迷いがなくなり，アメリカザリガニの
ことをどう扱うかを考えて欲しくて，1回目の卒園児の授業の設定を
した。ところが，予想に反して，卒園児の話を聞いた後の子どもたちは，
逆にザリガニを駆除することができなくなっていった。

　卒園児の自分たちの経験の基づいた
自信ある授業。そこで話された内容に，
子どもたちは納得しつつ自分たちがア
メリカザリガニに抱いていた思いとの
温度差を感じとっていたのかもしれな
い。断片的に知ったアメリカザリガニ

のこと。なんとなく駆除することが望ましいと考えていたこと。その一つ一つに疑問を感じているかのようだった。それでも，２回の卒園児の授業を通してアメリカザリガニの存在が子どもたちにとってより身近なものとなったようだった。子どもたちは「駆除した方がいいって分かっているけど，（自分には）できない。」「駆除するのは可哀想だから，死ぬまで育てようかな……。」「在来種がいなくなるのは嫌だから，駆除しよう！ でも，（自分の手では）駆除したくない。」と次々に言葉にして話し合ったり，保育者に伝えたりするようになった。子どもたちはアメリカザリガニを捕まえては駆除しようと試みるが「できない……」といって，途中で止めてしまうということが何度も繰り返された。

　アメリカザリガニを捕える度に，「アメリカザリガニをどうするか」全員で話し合いが行われたが，この時点で結論はでないままだった。保育室の前にアメリカザリガニを入れる水槽やバケツの数が日に日に増えていった。

●コメント●

### 「教えること」を超える教育

　2019年度の年長児けやき組の子どもたちは，用水路で見つけたアメリカザリガニとオオクチバスに向き合い，外来種との関わり，幼児が生き物を駆除することの難題を，１年を通して考えてきた。（詳細は，2020年ソニー幼児教育支援プログラム　最優秀園論文参照）　当時の担任であったみさと先生は，その経験を当時３歳児であった現けやき組の子どもたちに伝えてみる。現担任は，当初，

その実践と園の選択の経緯を知っていることから,「駆除することが望ましい」とすでに出ている結論通りに子どもたちに伝える必要があるとは思うものの,今,目の前にいる子どもの姿を観て,その選択がよいものか迷い始める。一昨年の子どもたちの結論は,保護者にも指摘されているように,1年という時間をかけてたどり着いたその年の子どもたちの結論に他ならない。外来種の扱いについては,国のルールがあるにせよ,「駆除」という選択は,幼児が向き合うには,大きなハードルである。単にルールを「教える」だけでは受け止めきれない大きなテーマであり,教材であり,環境である。子どもたちの会話や様子から,このことに向き合う子どもたちの多様な反応,行ったり来たり揺れ動く子どもの思い,それらの一つ一つに保育者が向き合いながら,保育者も悩み,迷い,葛藤しつつ子どもと共に考えている様子が見て取れる。

　こうしたプロセスこそ保育の中で大切にしたい教育のあり様であり,「学び」の姿である。教科書に示されている学習内容は,すでに明らかにされている事実であり,ある種の正解である。こうした正解を数多く教え,記憶させることが近代学校教育の一つのあり様であったが,「教えること」を超える「学びあい」への転換が,今求められている。この時点の保育者と子どもの関わりと教材（ここでは「アメリカザリガニ」との向き合う上で生じているとてつもない葛藤）が正解を知ることを超えた「学びあい」を生んでいる。そして,この経験が,このあとに続く実践の土台を作っている。

（磯部裕子）

## 2．ホタルブクロとの出会い

用水路に仕掛けを見に行く子どもた
ちがいる一方で，4月から草花に興味
を持っていた子どもたちは毎日のよう
に農道に花を摘みに行っていた。毎日
花探しをすることが子どもたちの日課
であった。今まで出会ったことのない
花を見つけると，図鑑で特徴を見て名
前を調べることが子どもたちの習慣に
なっていた。調べた後は，摘んできた
野の花で色水づくりや香水作り，押し
花やお茶づくりなど多様な遊びが毎日
繰り広げられていた。

6月中旬。農道を散歩している時に，
**あかり**が今まで見たことのない白い花
を見つけた。その白い花は田んぼの先の斜面に生えていた。子どもたち
は「あの花見たことがないからとって！なんていう名前か知りたい！」
と大興奮。保育者がその白い花を摘んで渡すと「これなんていう花かな？
幻の花かな？」と言いながら園に持って帰った。図鑑で花の名前を調べ
ていると，**あまな**が「これじゃない？　ほ・た・る・ぶ・く・ろって書
いてある！」「この花，ホタルブクロっていう名前みたい！」と言った。
**あまな**は説明文を指さし，保育者に「なんて書いてあるの？」と言うので，
そのまま説明文を読むと，そこには「昔の人たちはこの花にホタルを入
れて遊んでいた。」と記されていた。あっという間に子どもたちの間に
ホタルブクロの話が広がっていった。子どもたちから「夜にホタルみた

いね！」「ホタルブクロにホタルを入れて夜の散歩をしてみたい！」という声があがった。園では，7月中旬にお泊り保育が計画されていた。「夜どのように過ごすか」ということを検討していた矢先であったことから，この話にクラス中が盛り上がり，その日のけやき会議で，「お泊り会でホタルが見たい！夜の散歩をしてホタルを見てみたい！」とお泊り会の大きな目標が決定した。この時保育者は，子どもの気持ちの高揚に心動かされ，子どもと同じ気持ちで，「お泊り会の夜，ホタルが見られるといいな～！」と考えた。しかし，保育後，園長や他の保育者にけやき組の子どもたちの思いとお泊り会の目標を報告すると，本当に園の周辺にホタルがいるのか，そのことが確認できていないのではないか，という指摘を受けた。子どもたちは盛り上がっているが，お泊り会でホタルが見られなかったらどうすればよいのか，そのことを保育者間で検討しないまま，この日，けやき会議で，お泊り会の目標を決定したことは，保育者の関わりとして正しかったのか，その時の判断に若干反省したものの，しかし，「ホタルを見たい！」と強く思った気持ちは，子どもたちと同様で，ホタルが見られるか否かに関わらず，お泊り会ではホタル探しに行こうと担任保育者全員で一つの結論を出していた。

● **ホタルを絶対見たいから**

　お泊り会が近づくにつれ，子どもたちのなんとしてでもホタルが見たいという思いはますます強くなり，子どもたちは毎日のようにホタルのことを図鑑や絵本で調べるようになっていた。ホタルの幼虫の餌がカワニナであることや，ホタルはきれいな川に住んでいること，ホタルの種類もいろいろあり，やかまし村近くの用水路でもヘイケボタルやゲンジボタルなどが見られるのではないかと予想を立てる子どもたちもいた。

ホタルを捕まえられるようにホタルの
仲間を紙で作り，ホタルをおびき寄せ
ようと用水路に罠を仕掛け，毎日のよ
うに罠にホタルがかかっていないか確
認する姿があった。また，お泊り会で
夜の散歩をするために，子どもたちは
「懐中電灯だと光が強くてホタルが逃
げちゃう。」「やさしい光にしないとだめだ！」
と話す様子もあり，ホタルブクロで染めた和紙
で提灯を作ることにも取り組んだ。ホタルを見
つけることに期待を膨らませながら今か今か
と楽しみにお泊り会の準備を進めていた。

　そんなある日，子どもたちが「ホタル！ホタルいたー！」と小さな虫
をとってきた。姿や形は確かにホタルのようである。「これがホタルな
ら光るんじゃない？」という話になり，部屋中を暗くしてみんなで見て
みることにした。しかし，光ることはなく子どもたちは「光ってないね
……？」「これホタルじゃないね……」「一体，何の虫なんだろう？」と
不思議そうに観察していた。いろんな図鑑を集
めて調べてみると，『オバボタル』というホタ
ルの仲間であることが判明した。光らない『昼
のホタル』とも呼ばれ，園庭でもよく見かける
ホタルの一種だった。子どもはオバボタルを捕
まえる度に「ホタル見つけたー！！」と喜んで
いた。このオバボタルの存在が「オバホタルが

オバボタル

いるなら，きっとゲンジボタルやヘイケボタルも絶対いる！」というより強い思いを持つきっかけになった。

　そこで，保育者たちは，生まれた時からこの場所に住んでいる若生洋子さん（園の隣に住む園の大家さん）と一緒に，下見もかね，近隣にホタルを探しに出かけた。しかし，ホタルの存在を確認することはできなかった。大家さんは「昔はいたんだけどね〜。」と言っていた。それでも，子どもたちの「ホタルが見たい」という強い思いを大切にしたい。保育者たちもあきらめたくない気持ちで，子どもたちと一緒にこのままの計画でお泊り会の夜を迎えようと考えた。

### ● ホタルいなかったね……

　7月16日，お泊り会当日。自分たちの作った提灯で灯りを灯し「ホタルのわらべうた」を歌いながら，子どもたちと保育者はホタルを探し歩いた。しかし，探しても探してもホタルの光はいっこうに見えず，残念ながらホタルの姿を見つけることはできなかっ

た。子どもたちは「なんでホタルいなかったんだろう？」「ホタルみんなで見たかったなぁ。」ととても残念がっていた。

　夏休み明けに，すぐにけやき会議が開かれ『なぜホタルが見られなかったのか』について話し合った。「水が汚かったからじゃない？」という意見や，アメリカザリガニがホタルの幼虫の餌であるカワニナを食べている絵本（大場信義『ホタル（田んぼの生きものたち）』農山漁村文化協会 2010）を見つけて，「もしかしたらアメリカザリガニがホタルの

幼虫を食べているからかもしれない……」「アメリカザリガニが汚い泥をはいて水を汚すし，カワニナ（ホタルの幼虫の餌）を食べていたからホタルが見られなかったのかもしれない…」という意見が出てきた。話し合いが白熱していく中で「じゃあ，やかまし村の用水路でホタルが見られるようにするにはどうしたら良いか」という議題に移っていた。

　「やかまし村の用水路にはアメリカザリガニがたくさんいるし，オオクチバスもいる。」「外来種は在来種より強いから，在来種のホタルは負けちゃうんだよ。」保育室に貼ってあるきれいな水の生き物たちのマップ（かがくのとも『にほんざりがに』福音館書店 2014）にも，ホタルとホタルの幼虫，さらにはカワニナも描いてある。また，ニホンザリガニも描かれていた。しかし，田んぼの生き物たちのマップにはアメリカザリガニが生き物を捕まえている絵が描かれている。それらを見くらべながら「アメリカザリガニは汚い川でも住めるけど，ホタルはきれいな川にしか住めないんだね。きれいな川には在来種のニホンザリガニもいる！だから，やっぱり，やかまし村の用水路をきれいな水にしないとだめなんだよ！」等，子どもたちから様々な意見が聞かれた。

　話し合った末「アメリカザリガニやオオクチバスなどの外来種を捕まえて，ホタルが見られるきれいな用水路にしよう！」という考えに至った。今まではただ捕まえることを楽しみ，その後はただ飼うという考えであった子どもたちが「ホタルが見られるようにするためにアメリカザリガニを捕まえよう」という気持ちになっていった。「ホタルが見たい」という子どもたちの思いと外来種のアメリカザリガニを捕獲しなければという理由が確かになった瞬間だった。しかし，この時捕まえた後どうするのか—駆除するか否か—についての結論は出なかった。

26

## ● やっぱり駆除しなくっちゃ……

　保育者も迷う中，8月18日の新聞に環境省がアメリカザリガニを外来生物法による規則対象とする法改正を議論するという記事が掲載されたため，それを子どもたちに見せることにした。

　保育者は記事をわかりやすく説明しながら「アメリカザリガニをこのまま飼い続けるわけにはいかない」と言うことを正直に伝えた。子どもたちから「駆除しなきゃ……」という言葉は出るものの，やはり迷いも恐れもあり，なんとも言えない表情をし

（2021 年 8 月 18 日　河北新報）

ていた。今まで捕まえてきたアメリカザリガニをどうするかについて話し合っていくと，駆除した方がいいと思う，駆除した方がいいけど怖くてできない，可哀想だから自分では駆除できないという三つの意見に分かれた。そのうえで，「駆除しなければいけない（に違いない）」という点においては，なんとなく理解したものの，しばらく沈黙の時間が流れた。そんな沈黙を破るかのように**そうし**が急に「分かった！食べるのはどう？ おれは食べたことないから食べてみたい！」と提案した。その唐突な提案に，子どもたちの表情がぱっと変わった。**はると**が食い入るように「**そうし**，いいね！オレも食べて駆除したい！」と言った。すると，**はると**の言葉をきっかけに，「いいね！食べてみたい！」という言葉がたくさん聞かれた。他の子どもたちも**そうし**の意見に大賛成であっ

た。さらに，話し合いを重ね，半数以上の子どもたちが食べてみたい！という意見，残りの数人は，食べるのは怖いから食べたくないけれど，（みんなが食べて駆除しているところを）見ているという意見でまとまった。駆除することをあれほどまでに躊躇していた子どもたちが，「食べて駆除する」という方法については，多くの子どもが賛成したことは，保育者としても意外だった。しかし，今まで，子どもたちにとって，「駆除する」という行為には，動いているアメリカザリガニを自分たちの手で一瞬の間に殺さなければならないという思いがあり（一瞬で殺さないと，ずっと痛い思いをしてしまうから）戸惑いや恐怖心があった。しかし，食べるという行為は，自分たちが生きているアメリカザリガニを調理した後に食べて駆除することであることから，恐怖の気持ちが若干和らいだことと，食べたことがないアメリカザリガニを「食べてみたい」という興味が，そうしの提案に賛同することにもつながったようにも思えた。とはいえ，子どもたちの中に，「食べて駆除すること」に全くの迷いがなかったかいうと，そうではない。「食べるのは怖いから食べたくないけど，（みんなが食べて駆除しているところを）見ている」と発言した子どもたちの思いもまた本心であった。

● エピソード ●

 **アメリカザリガニも食べられる……**

　６月中旬，毎日のように用水路に罠をしかけに行くのだが，お昼ごろになると丁度お腹が空いてくるようで，子どもたちはアメリカザリガニを食料に例えながら話す姿があった。

どじょうやアメリカザリガニを捕まえると**はるひ**は「どじょうも食べられるし，アメリカザリガニも食べられるのかな？」と話し始めた。すると，**さら**が「エビに似てるから食べたいなぁ。」**ひより**は「ぷりぷりしていて美味しそう……」「あーお腹空いた。」とアメリカザリガニを食べるふりをしながら話す姿があった。

　子どもたちは家に帰ってからもアメリカザリガニの話をよくしていたようで，**ゆづき**が「IKEA に行ったら，アメリカザリガニが売ってた！外国ではアメリカザリガニを食べてるんだって！」と話すと，**みか**が「図鑑にもアメリカザリガニが食べられるって書いてあった！」と言った。すると，**じん**が「外来生物の図鑑にも載ってたよ。昔，日本は食料不足だったんだ。だから，その時アメリカから食料としてウシガエルやアメリカザリガニが持ち込まれたんだって！だから，外来生物は全部食べられるんだよ。」と話していた。

　しばらくすると，**えいと**が牡鹿半島にいった時にもらった，鹿の駆除についてのパンフレットを持ってきて見せてくれた。それは，鹿が増えすぎたため，鹿の駆除を行っているが「鹿の命を循環させている取り組み」がイラストで描かれているものだった。**えいと**の母親は，アメリカザリガニの駆除に抵抗があったことから，命の大切さや駆除をした後も命が循環していく選択肢があるということをけやき組の子どもたちに伝えたかったのだと思う。**えいと**は後に，保育者に「アメリカザリガニを食べたら，命も無駄にならない。自分たちの力になる。だって，**えいと**，魚釣りしに行って釣った魚は，全部食べてるもん。」と教えてくれた。

　アメリカザリガニを駆除することに抵抗感のある子どもが多かった中で，外来生物規制法の話はこのまま飼い続けるわけにはいかないという決定打を子どもたちに突きつけることになる。そんな決断を子どもにさせられるのか。しかし，このことは保育者として絶対に伝えなければならないことだと考え，保育者は，覚悟を決めて子どもたちに話した。「食べる」という選択は何度か保育者の間で検討はしたものの，より子どもたちの抵抗感も大きいのではと考えていたからである。また，保護者とて，もろ手を挙げて賛成してくれはしないだろう。そのため子どもたち全員が「食べる」という選択をしないかぎりこの選択は無理だとも考えていたからだ。しかし，この時初めて，駆除しなければならない思いと，アメリカザリガニを食べることで「命を無駄しない」ということがようやく子どもたちの中でつながった。命を無駄にすることなく，駆除もできる。様々な葛藤の先に生まれた子どもたちの結論—アメリカザリガニを食べて駆除すること—は保育者として大事にしたいと考えた。なんとしてでも子どもたちの出した『食べて駆除する』ことを実現しなければならないと考えたものの，アメリカザリガニは寄生虫などもいるので，子どもたちに本当に食べさせてもいいのだろうか。万が一食中毒を引き起こしてしまったら……と子どもたちの安全面を考えると不可能なのではないかという不安もあった。しかし，保育者としてどうしても子どもたちのこの決断を叶えたかったと同時に，保育者自身も子どもたちと一緒にこのことを体験したかった。しかし，園長はどう思うだろう。様々なリスクを引き受けてくれるのだろうか。意を決して園長に相談すると，園長は快く承諾してくれた。園長としては，３年前からの実践でいつかはこういう日が来るのではないかと考えていたようで，園長なりに食べる方向も模索していたようであった。さらに管理栄養士に相談したとこ

ろ，寄生虫の問題の解決方法や食中毒が起きない方法を調べ，試食を重
ね，安全に食べられるように保育者と一緒に考えてくれることになった。
また，「駆除」に反対していた保護者にも子どもたちの「アメリカザリ
ガニを食べるという選択」を話すと「食べることになったんですね！」
と快諾してくれた。「ザリガニの命も一つの命ですよね」と子どもたち
への伝え方について意見をしてくれていた保護者も「食べるなら命を無
駄にすることにはならない」と賛成してくれた。今までのプロセスを毎
度毎度丁寧に伝えてきたこともあり，全員の子どもの保護者にも話した
ところ，全員が共感し快諾してくれた。保育者にも「やはり食べること
にしよう」と心が決まった瞬間だった。

●エピソード●

 アメリカザリガニを食べる!?

　担任から「子どもたちとアメリカザリガニを食べたいと思う」と
相談された時，やはり食べてみる時がいよいよやってきたという思
いでした。2年前の実践以来何度も「食べようか」という話は出て
いたものの，数が揃わなかったり，「食べたい！」と思った時には
捕れなかったりと，なかなかそのチャンスは巡ってきませんでし
た。宮城県の北部の大崎市のNPO法人「シナイモツゴ郷（さと）
の会」が，湖沼の生態系を壊すアメリカザリガニを食べて減らす活
動に取り組んでいるという記事がよく地元紙に掲載されていたこと
から，食べることは可能だと考えていました。また，食べるという
話が出てからは，たくさんの保護者と「今度アメリカザリガニを食

べようと思う」という話をしました。すると意外にも「私食べたことあります。美味しいですよ」とか「昔はよく父が捕まえてきてくれたアメリカザリガニが食卓に上りましたよ」等，保護者の反応は悪くなかったのです。そんな時にやかまし村の園児が，仙台市青葉区の中華料理店「天地人」でシナイモツゴの郷で捕まえたアメリカザリガニをお店で出しているというチラシを持ってきてくれたのです。さっそく姉妹園であるみどりの森の年長担任とやかまし村の年長（けやき組）担任と私の計7名で食べに行くことにしました。お店で見せて頂くと，たくさんのアメリカザリガニが衣装ケースに生きたまま入っていました。それをざるに上げ，揚げて味をつけて提供してくれました。中華料理の味付けでどれも本当に美味しく食べられました。保育者も食べたのだし，いよいよこれで準備は整ったという気持ちで，当日を迎えることができました。管理栄養士が本当によく調べ，試作を作ってくれたり等の協力があってこその実践でもありました。

（やかまし村園長　小島芳）

### ● アメリカザリガニを食べるのは僕たちだけじゃない!?

アメリカザリガニを食べて駆除すると決めてから，子どもたちはアメリカザリガニの食べ方や調理方法を調べ始めるようになった。本や図鑑で調べて分かったことをみんなに伝えたり，家で調べたレシピを紙に書いて持ってきたり，TV でみたアメリカザリガニが食べられるお店のチラシを持ってきてくれたりと，子どもたち同士で毎日盛んに情報交換が行われた。たくさんいたアメリカザリガニも共食いなどで，少しずつ数が減ってきていたことから「子ども 30 人分と大人

3 人分は絶対捕まえなくちゃ」と用水路にも毎日のように出かけ，罠を仕掛けたり，網でアメリカザリガニを探す日々が続いていた。

　そんな中，なぜか 9 月上旬ごろから園の用水路ではアメリカザリガニがパタリと捕れなくなった。そこで，遠くまでアメリカザリガニがい

そうな用水路に出かけては，手作りの釣り竿を垂らしてじっと待ったり，用水路の中を網で探して捕まえるという生活を続けていた。すると，田んぼの道端にアメリカザリガニの死骸ばかりが落ちているのを発見した。それを見た**ひおな**は「なんで殻ばっか

りあるんだろう？　誰かがあたしたちより先に
来て食べたのかな？」と言うと，**さら**が「けや
きさんの代わりに先に食べて駆除してくれてた
んじゃない？　ありがとう。」と，自分たちより
先にアメリカザリガニを食べた犯人を考え始め
た。その時，一緒に散歩に来ていた園長が，鳥

のサギを発見し子どもたちに「サギもアメリカザリガニを食べるんだよ」
と教えてくれた。

　園に戻ると，早速子どもたちは図鑑でサギについて調べていた。サギ
もアメリカザリガニを食べるということを知った子どもたちは，「サギ
が食べてくれて良かったね！」と話す子もいれば，「けやきさんより先
に食べちゃったのか……」と残念そうに話す姿もあった。

　自分たちが守りたい在来の生き物やホタルの幼虫の餌のカワニナを食
べてしまうアメリカザリガニ。そのアメリカザリガニを食べる生き物（サ
ギ）もいること，アメリカザリガニの天敵にアメリカザリガニも食べら
れるという事実を知る出来事となった。

### ● 食べて駆除するぞ！

　9月6日。いよいよアメリカザリガ
ニを食べる日がやってきた。前日にア
メリカザリガニをブラシで洗い，水道
水にいれ泥抜きをしておいた。アメリ
カザリガニをお酒の中にいれ，アメリ
カザリガニを酔わせ（酔わせること
で，はさみなどで攻撃しなくなること

や臭みをとるため）その後，アメリカザリガニを沸騰したお湯の中に，一人１匹ずつ放り込んでいった。あっという間にアメリカザリガニは真っ赤になった。その後，片栗粉

と青のりを混ぜたバットの中にザリガニを入れて，高温の油で素揚げにした。アメリカザリガニの海苔塩揚げが完成した。さらに，アメリカザリガニを茹でた汁に味噌をいれ，アメリカザリガニの味噌汁も作り，みんなで食べてみた。「アメリカザリガニを食べたくない……」と言っていた子どもたちも，調理をしているうちに「やっぱり食べてみたい！」という気持ちに変わり，結局全員でアメリカザリガニを食べることができた。実際，アメリカザリガニを食べてみると「美味し〜い！」「お代わりある？」「アメリカザリガニって美味しんだね。」とアメリカザリガニをぼりぼり食べながら楽しそうに会話をしていた。頭の部分は寄生虫がいるリスクが高かった為，食べずに残しておいた。子どもたちと話し合い，頭の部分は８月下旬から子どもたちが作成していた段ボールコンポストに入れて土に戻るか実験することにした。

●エピソード●

 「アメリカザリガニ」を食べる⁉

最初に子どもたちから「ザリガニを食べたい」「食べ方を教えて

ほしい」と言われたとき，「ザリガニを食べても大丈夫なのだろうか？」という驚きと不安を感じたのが正直な気持ちでした。調べると実は海外では高級食材として食べられていることを知ってさらに驚きました。また，ザリガニを食べるという決断をするまでの子どもたちや担任の先生の思いを理解し，栄養士として一緒にこの課題に取り組みたい，力になりたいと思いました。

そこで，いかに安全に子どもたちがザリガニを食べることができるのか，いろいろ調べました。寄生虫の心配があるため，中心温度をしっかり測って加熱すること，お酒でしっかり洗うことに気を付けました。また，栄養士としては美味しく食べることも大切にしたいので，担任の先生たちとも試作を重ねました。気がつけば楽しみながらこの課題に取り組んでいました。

エビマヨならぬザリマヨ，のり塩，カレー味どれも美味しかったけれども素材の味と見た目からのり塩味で食べることになりました。そして最終的には米粉を使って揚げて塩味で食べるのが一番ザリガニの風味がして美味しいので，今はこの調理法で落ち着いています。子どもたちも食べるまで葛藤があったようですが，その思いも含め栄養士として私もとても考えられる体験となりました。

また食を通して栄養士として子どもたちの食体験に，一緒に考えたり解決したりなど積極的に関わっていきたいとより強く思うきっかけとなりました。

（管理栄養士：奥山絵里）

### 3．用水路はどこにつながってるの？

　やかまし村の用水路でどうしてもホタルが見たい子どもたちは「どうやったらきれいな用水路になるのか」を考え始めていた。9月14日。いつものようにやかまし村の用水路でザリガニ探しをしていると，子どもたちが「この用水路はどこにつながっているんだろう？」と話し始めた。そこで，用水路を辿ってシェルコム方面（園近くの公共施設），七北田川（園近くを流れている川）方面へ歩いてみた。紙とペンを持って，時々立ち止まっては地図を描き，また立ち止まっては地図を描く……それを続けながら，探検していくと用水路と七北田川の合流地点にたどり着いた。合流地点を見た**はるひ**が「だから，こんなに大きいんだ！」と何か腑に落ちたようにつぶやいた。また，七北田川と用水路の合流地点にはゴミがたくさんあり，**ひさこ，さな**が「ゴミだ！」「どうしよう……」と考えながら，魚を入れるために持ってきていたバケツにゴミを入れ始め，大量のゴミを持ち帰った。子どもたちは自分の目で用水路や川を見ることで，これらがどうなっているのかに興味を持ち始めているようだった。子どもたちの関心が，用水路に生息する生き物から，用水路そのものや川へと広がり始めていることが見て取れ，担任保育者は，この子どもの興味関心に付き合ってみようと考えた。

　9月24日，絵本の時間が終わると，**こうたろう**が「みんなで話し合いたいことがあるんだけど」と声をあげた。そして「アメリカザリガニの他にも用水路を汚している原因があると思う！」とクラスのみんなに話した。アメリカザリガニを駆除しても水が汚いままであることに疑問

を抱いている**こうたろう**の発言だった。**こうたろう**の思いがきっかけとなり，けやき会議がはじまった。**うた**は「ゴミがいっぱい捨てられているよね。」**ゆうま**「人間のせいなんじゃない？（用水路にゴミや油を捨てているから）」と話していた。どうやったら用水路がきれいになるか，なぜやかまし村の用水路が汚いのか，外来生物以外でやかまし村の用水路を汚している他の原因もあるのではないかという意見が出て，アメリカザリガニやオオクチバスを捕まえる以外にも，自分たちができることがあるのではないかという話になった。

　どうすればホタルがくる川になるのかについて，自分たちができることを今後も考えていこうと話し合う子どもたちの頼もしい姿を見つつ，気づけばアメリカザリガニを駆除させることに葛藤を抱え，悩み続けた保育者の迷いはなくなっていた。

## ● 川の始まりはとってもキレイ

　10月22日，年長児の行事の一つである泉ヶ岳登山の日がやって来た。が毎年訪れる山登りの日がやってきた。年長児はやかまし村からも見える泉ヶ岳に毎年登山に行く。中腹まで登り，渓流の脇でひと休みしたところ，数人の子どもたちが一斉に「キレイ〜!!やかまし村の用水路と全然違う！」初めて見るきれいな山の渓流に目を輝かせていた。「ここならホタルがいるんじゃない？」と**ゆうすけ**は話していた。そして，引率者の若生英之さん（園の隣に住む大家さん）に「ここが七北田川の源流なんだよ。」と教えてもらうと，子どもたちは「この水が七北田川ややかまし村の用水路に

つながっているの？」と確認していた。

　実際に初めて本物の"きれいな川"を見た子どもたちは、自分たちが普段遊んでいる用水路（川）との違いを感じていた。そしてこんなにもきれいな川ならホタルがいるのではないかと考えるようになった。そして、この"きれいな川"との出会いが、"川"に対するさらなる興味につながっていった。

　泉ヶ岳登山から数日たったある日。**ゆうすけ**が「川（用水路）の大きな地図作りたいんだ。」と言いながら、画用紙を貼り合わせていた。**ゆうすけ**が絵具で、やかまし村のある場所の絵を描いていると、どんどん興味をもった仲間が増えていった。**ゆうげん**が「やかまし村の用水路と泉ヶ岳の川は（七北田川を通して）つながっているんだよね〜」と話しながら、泉ヶ岳を描き始め、やかまし村までの用水路がどんな風に流れているのかを思い出しながら描き進めていった。**はな**は「泉ヶ岳の水はきれいだったからホタルが飛んでいるよね。」**ゆづき**は「やかまし村にはアメリカザリガニがいっぱいいたからたくさん描こう！」**みのり**は、「水の色はどうする？ 茶色い汚い色を作らなきゃ！」**さら**は「泉ヶ岳はきれいな水が流れていたから透き通るぐらいのきれいな水色にしなきゃね！」**あかり**は「田んぼもいっぱいあったよね。」などと次々にアイディ

アが出てきて止まらない。今まで見てきた風景や自分たちが積み重ねてきた体験を継ぎ合せながら地図を描いていた。アメリカザリガニ釣り、川づくり、川探検、泉ヶ岳登山など今まで子どもたちが体験したことがこの地図に集約されていた。今まで見てきた風景や用

水路や川の状況のイメージを仲間と共に共有し，それを表現する過程で
自分たちの今まで体験してきたことを振り返っているかのようだった。

完成した地図

卒園記念製作の地図

## ● ちび泉ヶ岳を作ろう

　10月下旬，築山から流した水が徐々に道を
作っていくような様子を見ながら，子どもた
ちは，「ここ（築山）を泉ヶ岳ってことにしよ
う！」「泉ヶ岳の川はやかまし村の用水路につ
ながっているから，この汚い川はやかましの
用水路！」「あっちの水たまりにつなげて，あ
そこを海にしよう！」などと，始まりの山か
ら，終着点の海まで流れる用水路や川の全貌を
イメージしながら遊んでいた。自分た
ちが見たこと，経験したことを，遊び
の中で再現しているようだった。この
用水路作りをしながら，「本物の用水
路みたいにずっと水が流れればいい
のに……」「雨が降れば勝手に水が流
れるんじゃない？」「なんでいつまで

たっても泥水のままなんだろう」などと，子ど
もたちは，さらなる疑問を出し合っており，保
育者は,この疑問も大事にしたいと考えていた。

　昨年（年中の時）も子どもたちは，この時期
に川作りを楽しんでいた。しかし，年長児になっ
た子どもたちの川作りは，昨年のそれとは大き
く異なっていた。用水路の生き物探しを通して，
川の流れや川のつながりに興味を持ち始めたこ
と，そして子どもたちが泉ヶ岳登山で，本物の山を流れる川を体感して
きたこと，それらの体験が，この川作りにもつながっていることを子ど
もたちの姿から見て取れた。

　毎日,川作りが続く中でホースを使った水遊びが始まった。築山に沿っ
てホースを埋めて水を流すと，少し離れた地面から湧き水のように水が
溢れ出すことが面白く，湧き出していた水に土を盛る作業を繰り返して
いると，「なんかこっちも泉ヶ岳の用水路みたいじゃない!?」「ちっちゃ
いからちび泉ヶ岳だね！」「どこから水が出ているか分かんないから本
物みたいだね！」と山から水が湧き出しているかのような川が自然と出
来上がった。

　何度も何度も水を流していると，泥がほとんど流され，水がきれいな
まま流れるようになった。「すごい！きれいな水が流れてる！」「きれい
な川作り成功だ！」ととても喜んでいた。「でもなぜ，急にきれいな水
が流れるようになったんだろう？」と保育者が言うと，**そうし**が「泥が
なくなったんだよ！ほら！泥が水に溶けると泥水になっちゃうから！」
と言い，**たいち**は「石がいっぱいあるときれいになるんだよ！石が大
事！」と話していた。それを聞いて**えいと**は「そうだよ，**たいち**の言う

通り！石と石の間を通るときに，汚いのが挟まってきれいになるんだよ。汚い水を流しても少しきれいになる！」と発言し，さらに石を持ってきて並べ，実際に泥水を流してみた。「ほらね！ここが少しきれいになってるじゃん！」と自分が考えたことを試して確かめ，予想通りだったことに嬉しさを感じていた。

　このちび泉ヶ岳作りの場面で，子どもたちが自信満々に話す様子を見ながら，自分の持っている知識から，「こうだと思う！」と予想したことを，実際に試してみてさらに確信を持つようになるプロセスは，とても大切な経験なのではないかと感じた。これまで水や土，泥にたくさん触れ合って遊んできた経験と知識が遊びの中で結びつき，この子どもたちの言葉や面白い予測が生まれるのだと考えられた。保育者もまさかこんなところできれいな水に出会えるとは思ってもいなかったので，子どもと一緒にとても感動した。同時に“川”についてもっと子どもたちと深く知っていきたいという思いが強くなった。(けやき組担任：帷子桃華)

## ● きれいな川ってどんな川？

　11月11日，築山のきれいな川作りに向けて，園庭の石では足りなくなり，「七北田川の本物の川に石を拾いに行ったらいんじゃない？」

と男の子全員で石拾いに出かけた。七北田川には絵本でも見たような魅力的で個性的な石がたくさんあり，「月みたいな石！」と目を引く石を手に取って話したり，**はると**は「きれいな石！これはおにぎり石！」と石を見立てて名前を付けて集めることを楽しんだり

していた。**じゅいち**は「こっち（陸の石）
はゴツゴツで，こっち（川の石）はツ
ルツルだぁ！」と石の形や手触りの違
いにも注目していた。「川をきれいに
するためにはどんな石がいい？」と保
育者が聞くと，**えいと**は「あんまり小
さくなくて，長細いのがいいかも。」「川

の中にある石が，水をきれいにする石！」と言い，石の中でもこだわっ
て選んで拾っていた。

　園に帰り，持ち帰った石を全部広げてみた。すると「これとこれは黄
色い石で仲間だね」「じゃあ，これとこれはカクカクチームだ！」と色
や形で分類する作業が始まった。**うた**は「昨日絵本で見た描ける石！」
「（水に入れて）本当に色変わったー！」などと，絵本で見たことを実際
にやってみながら，石それぞれの性質や特徴を楽しんでいた。「陸の石
も海の石だよ！地球はもともと全部海で，地面に浸み込んで，浸み込ま
なかったのが川とか海になったんだよ！」「そうそう！何億年も前ね！」
と分類をしながら，自分たちが知っていることを話す姿もあった。

　ちび泉ヶ岳には，絵本で見た本物の川と同じように，上から下に行く
につれ石が小さくなるように置いていった。「また泥が混じって汚い水
だ」「でも石の隙間の水はきれいだね！」とその後も用水路を流して遊
ぶ姿が続いた。「きれいな川には絶対一つは石がある」「石が水をきれい
にしている」と，川からきれいな川，そして石へと興味が広がっていった。

　泉ヶ岳の源流，七北田川の合流などを見たことで，子どもたちは「川」
についてより深く考えることができるようになっていった。自分たちの
用水路が川に繋がり，また海にも繋がっていくということもわかってき

た。自分たちの用水路をきれいにしなければならないという思いを持つもう一つのきっかけとなっていった。（けやき組担任：帷子桃華）

●コメント●

**体験がつながり遊びが生まれる**
　**—制作に表現されるドキュメンテーション**

　泉ヶ岳登山の際の渓流で出会った「きれいな川」。ホタルがやってくることのないやかまし村の用水路との違いを確認しながら，これまで見たこと，体験したこと，考えたことを地図に表現していく子どもたち。ちび泉ヶ岳作りでは，体験したことを再現しながら，疑問を持ち，仮説を立て，確認しながら，川を作り泉ヶ岳を作っていく。これらの子どもたちの様子を見ていると，一つ一つの遊びが次の遊びを生み，そこでの「面白さ」が，次なる探究を深めているのが，見て取れる。保育者自身も，「今まで見てきた風景や用水路や川の状況のイメージを仲間と共に共有し，それを表現する過程で自分たちの今まで体験してきたことを振り返っているかのようだった。」（p. 38-39）「これまで水や土，泥にたくさん触れ合って遊んできた経験と知識が遊びの中で結びつき，この子どもたちの言葉や面白い予測が生まれるのだと考えられた。」（p. 41）と読み取っているように，地図作りやちび泉ヶ岳作りは，一つの遊びであると同時に，子どもたちのこれまでの体験の表現でもあり，学びの記録にもなっている。

　昨今，多くの園で，可視化しづらい保育にある子どもの学びをドキュメンテーションとして記録する実践が生まれているが，保育者

が子どもの遊びを写真や言葉で表現するドキュメンテーションとは異なり，子どもたち自身が，自分たちの手で体験を振り返り，仲間と共有し，記録（制作）する体験は，子ども自身が自分の学びの意味を確認する体験にもなっている。　　　　　　（磯部裕子）

## 4．ホタルの幼虫との出会い

　当園の理事長が新聞記事でホタルの里親を募集している記事を見つけ，やかまし村に届けに来てくれた。聞くと理事長の昔のお知り合いがホタルの幼虫の里親を募集しているとのことであった。保育者はぜひホタルの幼虫を育ててみたいと考え，里親に立候補するため主催者の方に連絡をいれた。そして，無事里親に選ばれ，11月3日（日），保育者と別に手を挙げた**あおいとそうま**の2家庭がホタルの幼虫を受け取りに青葉城址公園に行った。

　翌日，ホタルの幼虫を園に持っていくと，子どもたちは初めて見るホタルの幼虫に興味津々で，水槽に

（2021年10月23日　河北新報）

いる幼虫を囲みながらじっと見つめていた。初
めて見た子どもたちは光るホタルの姿とは程遠
い，大人でもちょっとグロテスクに感じる幼虫
の姿に当初は戸惑いも覚えたようであった。虫
嫌いの**ゆづき**と**みのり**も，最初は戸惑っていた
が，すぐに慣れ，手に乗せて観察してみたり，
指で触ってみたり，初めての幼虫との出会いに
「くすぐった〜い」「なんかモグラみたい！」と
喜んだり，驚いたりしていた。

　**ひより**は幼虫を手に乗せると，もう片方の手でおおい，ホタルの幼虫
が光るのか試していたが,「光らない……」と残念そうにつぶやいていた。
ホタルの幼虫との出会いをじっくり楽しんだあと，ホタルの幼虫の家作
りをするために，カワニナの餌となる落ち葉や，幼虫の隠れ家となる石
を拾ってきた。

　図鑑などではホタルの幼虫を見ていたが，実物を見たことがなかった
子どもたちにとって，本物のホタルの幼虫との出会いは想像とは異なっ
ていたようだったが，このことを通じ「光るホタルがみたい。」という
気持ちがさらに強くなっていったようでもあった。どうしたら自分たち
の用水路にもホタルを呼ぶことができるのか……このホタルの幼虫を育
てたら，光るホタルをみんなで見ることができるかもしれない……子ど
もたちの期待が膨らんだ。保育者は，この子どもたちがホタルのお父さ
んお母さんになっていろいろなことを感じてほしいと強く願っていた。

　12月2日にホタルの里作り協議会で出会った，ホタルに詳しい関場
さんと狩野さんにやかまし村に来ていただき，やかまし村の用水路が
ホタルの住める環境かどうかを見て頂いた。すると，幼虫が十分に住める

46

場所ではあるが，卵を産める場所が少ないということを教えてもらった。ホタルは苔などの湿った場所に卵を産む。子どもたちが育てている幼虫を放すためには，この先もホタルが住める環境を作っていく必要がある。そのためにも，用水路で苔を育てていくことが必要だと教えてもらった。

　12月10日，やかまし村の用水路に苔が必要だということが分かった子どもたちは，近所の森林公園に散策に出かけた際に，関場さんから森林公園の苔を分けてもらい，たくさん袋に集めて持って帰ってきた。また休みの日には，数人の子たちが公園や家の庭で苔を探してきて，園に持ってきてくれた。集めた苔をさっそく用水路へ持っていき，薪にくくりつけて用水路に架けたり，地面に植えたりした。

　後日，久しぶりに用水路に苔の様子を見に行くと，**はるひ**が「（はるひの持ってきた）苔と（台原森林公園の）苔が繋がってる……！」と苔の変化に気が付いた。けやき組のみんなに話すと「苔が大きくなったってことじゃん！」「成功だね！」と言われ，**はるひ**は嬉しそうにしていた。少しずつホタルが住める環境ができてきたことなのではないかと，子どもたちの期待も膨らんだ。

　苔を植えてしばらくすると，仙台にも雪の季節がやってきた。保育者が苔の様子を見にいくと，雪の下でも苔がしっかり育っていた。子どもたちは，

自分の苔のその後が気になるのか, その後も時々様子を見に行っていた。「みんなでホタルの光をみたい」という思いが, この時も続いていることを子どもたちの姿から, 感じ取ることができた。

## 5. ゴミを拾うことをあきらめない

年が明け, 近くの須賀神社にどんと祭に出す正月飾りを置きに行った。すると**そうま**が「ここの下にいっぱいゴミがあるんだよ！ここの下の道路のところのゴミ拾いしたい！」と言い出した。**そうま**は冬休み中も家の近所でゴミ拾いをしていたようで, ゴミ拾いをすることに意欲を持っていた。そして, その日の帰り, **そうま**がみんなの前で「月曜日にゴミ拾いに行きま
す！ 一緒にゴミ拾いに行く人は手をあげてください。」と話した。半年ほど早く生まれて, 発達がゆっくりでなかなか集団についていけない時もあった**そうま**が, そんな風に率先し, みんなの前で呼びかける姿に保育者は感動すると同時に, **そうま**の成長を感じることができ, とてもうれしく思う瞬間だった。そして呼びかけに応え「行きたい！」と 10 人ほどの子どもたちが手を挙げた。**そうま**は, 「火ばさみ, 軍手, ビニール袋を持ってきて！」とみんなにゴミ拾いがしやすい格好でくるようにアドバイスもしていた。その姿に頼もしさをおぼえたのは担任だけでなく, 仲間たちも同様であり真剣にうなずく姿があった。

翌日, 早速手をあげた子どもたちは, やかまし村周辺のゴミ拾いに出かけた。すると**あおい**が, 「バケツ持ってきた！ だって, ビニール袋はゴミになるけど, バケツは洗ったら何回でも使えるでしょ？」と話して

いた。一緒にゴミ拾いをしていた子どもたちは，**あおい**の言葉から，ゴミ拾いで使っているビニール袋もゴミになるということに気が付き「明日は，バケツを持って来よう！」声を掛け合う姿も見られた。

　用水路や泉ヶ岳に行ったときなど，気づけば自然にゴミ拾いをしていた子どもたち。保育者が言わずとも，ゴミがあると"用水路や川が汚れる"という意識を持ち始めていた。そして，**そうま**の声にたくさんの子どもたちが賛成し，行きたい！ と手を挙げる姿に，けやきの子どもたちが"やかまし村周辺の環境をきれいにしたい，用水路をきれいにしたい"という思いでいることが分かった。

　そんな毎日を過ごすうち，とうとうやかまし村にも雪が降ってきた。気温がどんどん下がってくると，ゴミ拾いをしようと園を出たものの，「寒いね！」と言って，園に引き返そうとする子どもたちもいた。そんな時に**たいち**は「なんでゴミ拾いをあきらめるの？ **たいち**は絶対あきらめない。だって，ホタルが見たいから。地球をきれいにしたいから。」と仲間に訴えかけていた。それを聞いた仲間たちは，はっとして，「そうだね！ ゴミを拾う！」と再びゴミを拾い始めるというようなこともあった。ホタルが見たいから外来種を退治して，ゴミを拾って，自分たちの用水路をきれいにしよう……そんな思いで始めたゴミ拾いだったが，**たいち**のこの言葉には，保育者も驚かされた。子どもたちが，地球のことをどのくらい理解できているのか，どのくらい考えているのかは定かではなかったが，思えばこのころから子どもたちの中から「地球」という言葉がたびたび出てくるようになっていた。

● コメント ●

 ゴミ拾いが保育内容 ⁉

　そうまの「月曜日にゴミ拾いに行きます！一緒にゴミ拾いに行く人は手をあげてください。」の一言で，翌日子どもたちはゴミ拾いに出かける。ゴミ拾いや掃除というと，自分たちの生活空間周辺の環境や教室（保育室）をきれいにするという目的のために行う行為のように思われる。教育の場では，たいていこの目的を立てているのは教師で，多くの場合，子どもは致し方なく（あるいはその目的に納得して）これを行う。子どもたちが主体的に（率先して），ゴミ拾いを行うという光景は，なかなか見られない。

　そうまの提案は，まさに主体的な提案である。大人からみて「良い子」がした提案ではなく，「やりたいから一緒にやろうよ」と誘うそうまの提案は，明日，今日の遊びの続きを誘う子どもの姿そのものでもある。バケツを持ってきたあおい。寒くてもゴミ拾いをあきらめないたいち。それぞれが「ホタル見みたいから。地球をきれいにしたいから。」という理由で，ゴミ拾いをしている。ゴミ拾いが保育内容そのものとなっている場面である。

　保育内容を計画する時，保育者は子どもの興味や関心を出発点にしながら，子どもの発達や遊びを見通し，季節や行事を勘案しながら選択していく。子どもにとって意味ある体験は何なのか，出会うべき教材は何なのかと保育内容を計画する際に検討しなければならない要素は多様であるが，質の高い実践を創り出すためには，この

多様な要素から，子どもの「いまここ」において最も適切なものを選択していく必要がある。適切な保育内容とは何なのだろうか。保育雑誌を広げると「ありがちな」保育内容が紹介されている。それらの保育内容も一つの選択肢であることには違いない。しかし，子ども自身が「やりたい」と遊びを見つけ，自分自身の手で遊びやくらしを作り出して行くことを目指す保育においては，時に保育者の計画や「ありがちな」保育内容を易々と超えていく子どもの姿を観ることがある。ゴミ拾いは「ありがちな」保育内容のリストには決して出てくることのない実践ではあるが，子ども自身が「やりたい」と思い，「必要なこと」と考え，保育者がこの意味に納得したとき，最も適切で豊かな実践として，子どもと保育者の手によって構築されている。

（磯部裕子）

## ● 地球にやさしいこと考えよう

　そんなある日，**ひさこ**が突然「ご飯食べたら，地球にやさしいことを考えよう。」と言って，紙とペンを持って一生懸命考えている姿があった。「用水路をきれいにすること。それから，ゴミ拾いでしょ？」「あ，植物を植えることも！」「あと，人と人が助け合うこと！」と楽しそうに口にしていた。**ひさこ**は「みんなにも**ひさこ**が考えたこと伝えたいから，帰りに話したい！」と言って，帰りの絵本の時間に**ひさこ**は「地球にやさしいことを考えているんだけど，みんなはどんなことが地球にやさしいことだと思う？」とみんなに質問を投げかける姿があった。すると，「みんなが笑顔でいること！みんなの笑顔がみたーい！」「喧嘩をしない」「お

母さんのいうことを聞く」「戦争をしない！」「川のゴミ拾いをする！ホタルが来れるように。」「油を川に捨てない。」「車に乗らない。排気ガスがでるから。」などといろんな意見が出てきた。

　翌週，ゴミ拾いをしていた時に，**はな**が「**ひさこ**がこの前，良いこと言っていたよね。**はな**は地球はみんなのことを作ってくれたんだと思う。だから，**はな**も地球をきれいにしたい。」とぽそっと呟いていた。

　仲間の思いを受け取りながら，自分はどうしたいか，どうしたら地球がきれいになるかを自分なりに考え，答えを導き出そうとしている子どもたちの姿がここにあると感じた。子どもたちにとっての地球とは目の前の用水路を含むやかまし村の周辺の環境を指すのかもしれない。しかし，そのように自分自身の足元の環境を守ることが，いずれは地球全体の環境を守ることに繋がることを子どもたちはなんとなくであったとしても感じているのではないかと思った。

● エピソード ●

 **地球コンポスト**

　アメリカザリガニを食べて駆除した後も，アメリカザリガニを探しに農道の用水路へ出かけていた道中で，道の真ん中で死んでいるスズメバチとトンボを発見し，「車にひかれると可哀そう」と，アスファルトから脇の草むらに移動した。「この虫たちはどうなるんだろうね？」と保育者が投げかけてみた。**じん**は，「熊とか，虫を食べる動物が食べに来るんだよ！」と言ったので，保育者が「虫を食べる虫もいるよね〜」と返すと，**そうま**「ダンゴムシも死んだ虫

食べるよ！あとダンゴムシのうんちは，土になるんだよ！」などと，その虫を囲みながら会話が広がった。すると話を聞いていた**ゆうすけ**が「……なんかコンポストみたいだね！」と呟いた。周りの子どもたちもその言葉に，ハッと

したような表情で「ほんとだね〜！」と共感していた。けやき会議で今日の出来事を話すと，**あかり**が「いい土になって近くの花の栄養になるね！ ダンボールじゃなくて，"外"コンポストだね！」と話していた。それを聞いた**こうたろう**が「地球コンポストだ！」と話していた。

　アメリカザリガニを入れたコンポストで得た経験と，身の回りの自然現象が結びつき，子どもたちが自ら自然の循環や命の繋がりを目にしつつ，自分たちのダンボールコンポストの中だけでなく，実は身の周りのいろんなところで"虫が食べて土に還る"というような事象が起きていることに気が付いたようだった。地球が１つの大きいコンポストであるかのように考えている**こうたろう**の言葉に，保育者も，なるほど，と共感した。

　そんなある日，**じんとしょうたろう**が新しく捕まえたアメリカザリガニを入れていた水槽の中に，死んだアメリカザリガニを見つけた。２人は，次のアメリカザ

リガニを捕まえるために，死んだアメリカザリガニを罠に仕掛けに行くことにした。用水路に向かう途中，「アメリカザリガニだけじゃなく，魚も捕まえられるかもね！」「そしたら焼いて食べたいね〜」などと会話していると，少し考えてから**しょうたろう**が「アメリカザリガニの命が日本の魚の命になっているね。」と言った。すると，**じん**が「うん。命と命が繋がっているんだ……！」と答えていた。

## ● ラップでみんなに伝えたい

　毎日ゴミ拾いを続けている子どもたちは，自分たちでゴミ箱を作り，拾ってきたゴミを分類して仕分けも行うようになっていた。アルミ缶やスチール缶を分類している時に**そうま**がラップ調で「アルミカーン　スチールカーン」と韻を踏みながら，仕分けしていた。**そうま**がゴミの分類のラップを歌い始めると，**じゅいち，ゆうげん，うた**も集まってきて，ラップ調の歌を作り始め，その歌の中で，アメリカザリガニやゴミのこと，地球のことを表現していた。**じゅいち**が「ラップバトルしよー!!」と提案し，連日ラップバトル（互いに作ったラップを紹介し

あうこと）が開催され，男子たちの間で少しずつラップが流行り始めた。独楽を回しながらラップを歌ったり，ゴミ拾い中にラップを歌ったりと毎日のようにラップに親しむことが増えていった。

　七北田川方面にゴミ拾いに行くと大量のゴミを発見した。**たいち**は「だれだこんなに捨てたの！」と怒りをあらわにしながら，黙々とゴミをバケツに入れていく。**ゆうま**が「もうバケツがいっぱいだ！」と困っているとふみやが「この袋を使えばいいんじゃない？」と言って，落ちていたゴミの袋を拾いその袋にまたゴミを拾い始めた。「ゴミも役に立つね！」とみんなで話しながら，一生懸命ゴミを拾っていた。田んぼのあぜ道にオオイヌノフグリが咲いていて，花の横にゴミが落ちていた。それをみた**ゆうげん**が「ゴミがあるから花も枯れちゃうんだよ！」と怒りながらすぐにゴミを拾った。いつになく，子どもたちは怒りがこみあげているようで，次第に子どもたちは，いろいろなゴミを拾いながらラップに歌詞を当てはめ，歌を作り始めていた。そして，あっという間にこんな曲が出来上がった。

♪ Yo Yo　YoYo　アメリカザリガニ捨てちゃいけないよ
　　　　　　　　　ゴミも捨てちゃいけないよ
　　　　　　　　　ホタルが絶滅しちゃうよ
♪ Yo Yo　YoYo　油を捨てちゃいけないよ
　　　　　　　　　袋も捨てちゃいけないよ
　　　　　　　　　魚が絶滅しちゃうよ
♪ Yo Yo　YoYo　煙草をすてちゃいけないよ
　　　　　　　　　ガラスも捨てちゃいけないよ
　　　　　　　　　花が絶滅しちゃうよ

　最初は，ラップの音やリズム，さらに韻を踏む言葉が面白いと思い集まっていた子どもたちであったが，アメリカザリガニのことやゴミのこ

　と，用水路のことを歌にして自分たちの思いをぶつけている姿が保育者
には面白く思え，自分たちの体験したことを言葉で伝えようとする新し
い表現方法に，保育者として興味を持った。また，ゴミ拾いをしていく
中で，袋は海に流れクラゲと間違えて魚が食べてしまったり，油を流す
と水が汚れて魚が住めなくなってしまうことに気づいたり，春から関
わってきた植物の周りにゴミが落ちていて，花が枯れてしまっている
ことに疑問を持ったりしていた。何よりホタルが住めるようになって欲し
いという願いが子どもたちのラップの歌詞から伝わってくるのが本当に
嬉しかった。

　ゴミを拾って集めていると**ゆうげん**が「ゴミも宝物なんだよ。ゴミで
何かを作ればね。」と話していた。その日の昼食中，**あまな**と**ひおな**と
**さら**の３人でラップの話で盛り上がっていると**あまな**が「分かった！
ゴミで楽器を作れば良いんだよ！それでみんなでラップを演奏すればい
いんじゃない？」と話す姿があった。その言葉がきっかけとなり，**あか
り**も「ゴミで楽器作れそうだね〜！どんなゴミがあるかな？」と自分
たちが拾ってきたゴミから楽器に使えそうなものを探し始めた。そして，
出来上がった楽器を鳴らして，みんなで音を合わせることを楽しんでい
る姿が見られた。

　ゴミはゴミとして留まらない子ど
もたちの発想が面白く，大人がゴミと
思って捨てていたものも，子どもたち
が，いかようにでも変えてしまうその
想像力に，また子どもたちから教えら
れたような気がした。

## ● なんでゴミを捨てる人がいるんだろう？

やかまし村の用水路だけでなく，「やかまし村の周りも全部きれいにしたい！」と七北田川方面，農道，シェルコム，ヨークベニマル方面，七北田公園方面など自分たちが行けるところまで，子どもたちは毎日ゴミを拾い続けていた。しかし，一度きれいにしたところにまたゴミがあるのを見つけると，**さな**が「またごみがある……」**あまな**は「悔しい。一体だれ!?許せない！」**りくと**も「どうして拾っ

ても拾ってもゴミがなくならないんだろう……」「悪いのは人間なんだよ……」「ゴミを捨てる人間が悪い！」と子どもたちは大量のゴミや不法投棄されたゴミを見る度に怒りと悲しみ，そして行き場の無い悔しさを感じているようだった。普段あまり強い感情を表に出さない**さな**も強く頷きながらゴミを拾っていた。**ふみや**は用水路に落ちていた野球ボールを見つけて，靴を濡らしながらも15分ぐらいかけて少しずつ手繰り寄せ，拾うことに成功した。その時「地球をきれいにするためにはあきらめないことが大事なんだよ〜。あきっぽい人がいると地球が汚くなっちゃうんだよ」ととても嬉しそうな顔で言っていた。

そんな中，七北田川にゴミを拾いに行ったときに，**そうま**が「ゴミを捨てている人が，自分たちがゴミを拾っている姿を見れば，次からはゴミを拾ってくれるかもしれない！」と話していた。それを聞いていた子

どもたちが，「たしかに～！」と声を
そろえて頷いた。ちょうど，登下校
中の高校生が通りかかり，**さらやりょ
うたろう**が「ゴミを捨てないでくだ
さーい！」と声をかける姿があった。
**りょうたろう**が「聞こえていたかな
……？」**みか**は，「ゴミ拾ってくれる
かな？」と心配そうにしていた。

　翌日も，通りがかる人たちに**はると**が「ゴミを拾ってくださーい！」
と声をかけていると，**ゆうま**「車に乗っていたおじさんが頷いてくれ
た！」**みのり**「絶対ゴミを拾ってくれるね！」と嬉しそうに話していた。
**しょうたろう**も「みんなゴミ拾ってくれるかな？ ゴミを捨てる人がい
るから，ゴミを拾ってくれるように言わないと！」と願いを込めながら
ゴミ拾いを行っていた。子どもたちは，ゴミ拾いに行く度に道行く人に
声をかけることが日課になっていった。

　ゴミを拾っても拾っても減らないことに対しての怒りややるせなさが
子どもたちの言葉から感じられた。ゴミを捨てる人が悪いと分かってい
ても，子どもたちはあきらめず，ゴミを拾い続けたり，言葉で伝えたり
していた。こんなにも子どもたちが目の前のゴミと本気で向き合ってい
る姿が頼もしかった。


　自分たちがゴミを拾うことをあきらめたら，絶対に地球はきれいにな
らないことを確信しているかのように，子どもたちは「僕たちがあきら
めたら，やかまし村でホタルを見られない。ホタルが飛ぶ地球にしたい
から，絶対あきらめないでゴミを拾い続ける。」と毎日，自分たちを鼓

舞させる言葉を発しながらゴミを拾い続けていた。

　3月9日に用水路の罠を見に行くと，再びアメリカザリガニとどじょうが数匹かかっていた。「どじょうは飼いたいから持って帰る！」といっている仲間に**りくと**が「どじょうを捕まえ（続け）たら，日本の魚が一匹もいなくなっちゃったら大変だから，逃がしてあげようよ！ この用水路でホタルがみたい！ 日本の魚もいっぱい住んでほしい！」と話していた。その言葉を聞いて，2人は「このどじょうが外来生物だったら大変だから，一回図鑑で調べて，在来種だったら逃がそう！」と約束をして，園に戻った。調べてみると「フクドジョウ」というどじょうで在来種であることが分かった。翌日，数人の子たちで川へ逃がしにいった。やかまし村の用水路でホタルを見たい，在来種だけの川にしたいという思いが仲間の心を動かすきっかけになっていた。子どもたちにとって，「どんな用水路になって欲しいのか」という具体的な目標が形成されつつあることが分かった。

## ● 歌で伝えたい「みんなの地球」

　ラップや今までの子どもたちの言葉をつなぎあわせて曲が完成した。「この曲の名前どうする？」とけやき会議で話し合っていくと様々な意見が出てきた。ホタルラップ，川，ゴミを捨てないでください，地球を守ろう……などたくさんの意見が出る中で，みんながこれだというところに行きつかずにいた。毎日のように話し合うが，なかなかみんなが納得する歌の題名が浮かばず，2週間ぐらい模索する姿があった。するとある日，**じん**が「『みんなの地球』はどう？」

『みんなの地球』　作詞：けやき

やかましむらの　ようすいろ
むかしはほたるの　ようすいろ
いきものたくさん　ようすいろ
いまはごみの　ようすいろ

あめ、やま、かわ、うみ、ほたる　oh yeah!
はな、つち、みず、むし、ほたる　oh yeah!

あぶらにたばこ　がらすにふくろ
いきものすめない　かなしいところ
あぶらにたばこ　がらすにふくろ
いきものすめないさみしいこころ

あめ、やま、かわ、うみ、ほたる oh yeah!
はな、つち、みず、むし、ほたる　oh yeah!

ラーラーラララ　ちきゅうにやさしくしよう
ラーラーラララ　ちきゅうにいいことかんがえよう
ラーラーラララ　ちきゅうにごみをすてるな
ラーラーラララ　ちきゅうをみんなでまもろう

ごみをすてちゃいけないよ
ふくろもすてちゃいけないよ
あぶらをすてちゃいけないよ
Yo Yo Yo Yo

さかなが　ぜつめつしちゃうよ
はなが　ぜつめつしちゃうよ
ほたるが　ほたるが　ほたるが　ほたるが
いなくなっちゃうよーーーー！！！
ラーラーラララ　ちきゅうにやさしくしよう
ラーラーラララ　ちきゅうにいいことかんがえよう
ラーラーラララ　ちきゅうにごみをすてるな
ラーラーラララ　ちきゅうをみんなでまもろう

ちきゅうにやさしくしよう
ごみをひろうのあきらめない

あめ、やま、かわ、うみ、ほたる oh yeah!
はな、つち、みず、むし、ほたる　oh yeah!

あきらめない　あきらめない
ぼくらはぜったい　あきらめない
あきらめない　あきらめない
ぜったい　ぜったい
あきらめない！！！！

「みんなが頑張ってきたことが集まっているでしょ？ 花，土，魚，虫，ゴミ，そして人間。みんなの地球でしょ？ みんなの地球が優しい地球になって欲しいから。」と言うと，みんなも「……いいね！！！」と満場一致し，ついに曲の題名が決まった。

　保育者たちはみんなが納得する曲の題名が出てくるまで待とうと考えていたので，じんの提案にみんなが賛同したことに安堵した。

　みんなが１年かけてやってきたこと，積み重ねてきた遊びが「みんなの地球」という言葉に集約されているように感じた。子どもたちは，ホタルブクロと出会い，アメリカザリガニと出会い，コンポストで土を作

り，ホタルの幼虫を育て，そしてゴミ拾いを通じて，いろいろな立場に立って考え続けてきた。子どもたちが積み上げてきたことが，最後の最後に「みんなの地球」というところにつながったのだと思う。その結果"みんなにとってやさしい地球になってほしい，ホタルが飛ぶ地球になってほしい"という願いが子どもたちの心の中から湧き出て，この歌が完成した。

　虫の，花の，土の，魚の，そして自分たち人間にとっての地球であるということ，みんなの地球であるこの地球を大事にしていきたいという思い，これこそ最終的に子どもたちが導き出した答えなのだと確信した。

### ● 命の繋がりを感じる—卒園式の前日—

　3月17日にやかまし村のお別れ会が開かれた。やかまし村では，卒園生が在園児に卒園する前に今までの感謝の気持ちや，やかまし村で学んできたことをメッセージやプレゼントを通して，後輩たちに伝える大事な日である。何日も前からけやき会議が開かれ，今まで育ててきたホタルの幼虫をどうするか，ダンボールコンポストで作ってきた栄養の土をどうするか，後輩たちにどんなことを伝えたいかを何度も話し合ってきた。話し合いでは「やかまし村の用水路をきれいにしてホタルが来れる用水路にしてほしいから，「みんなの地球」をゴミで作った楽器で演奏して伝えるのはどう？」「ホタルの幼虫をくるみ組（年中組）に育ててもらうのはどう？」「育て方とかホタルの餌とか分からないと思うから，ホタル図鑑を作って渡す！」「じゃ，ホタル図鑑にゴミ拾いのことも書こう！」

「アメリカザリガニの料理のレシピも載せたいね」と話していた。すると,「コンポストで作った栄養の土はどうする？」「すぐりさん（0歳児），きいちごさん（1歳児），あんずさん（2歳児），こうめさん（3歳児），くるみさん（4歳児）に分けてあげるのはどう？ みんな畑とかプランターで野菜育てていたからね。」「栄養の土を撒いたら，きっと野菜がよく育つよね！」「余った栄養の土は，どうする？」「卒園する前に，やかまし村の木に撒くのはどう？」「職員室の前の木の下は，オオクチバスやアメリカザリガニ，いろいろな魚のお墓になってるし，喜んでくれるかも！」「ホタルブクロの花壇にも栄養の土を撒きたいよね！ホタルブクロがたくさん咲いてほしいもん。」「ホタルが飛んだら，ホタルブクロに入れてみたいもんね。」とどんどん話が盛り上がり，お別れ会でのプレゼントが決まった。

　3月18日，卒園式前日。小雨が降る中，アメリカザリガニの頭や，捕まえたのに，死んでしまった魚や今まで調理した時にでた野菜くずなどが入っているコンポストの土を園庭の樹木の下，そしてホタルブクロを植えた花壇に撒いた。子どもたちが半年間かけて作った栄養の土は，「やかまし村の土の栄養になってほしい。やかまし村の木や花の栄養になってほしい。」という思いが込められていた。子どもたちが決めたこの土のプレゼントは，子どもたちの1年間の体験と思いの結晶のように感じた。女の子たちが「**ひさこ**が地球に優しいことを考えようと言っていた時に植物も育てようって言ってたもんね。」と話していると，みかが「みんなで作った栄養の土を木にかけたら，きっと大きくなるね。」と話していた。様々な命の詰まったコンポストの土を，また，やかまし村に還す行為は，アメリカザリガニを食べて「自分たちの力になる」と考えた子どもたちの思いをより叶える行為でもあった。

## 6. ホタルがやってきた！─あきらめなかった子どもたちの思い─

5月下旬，ホタルの幼虫を育ててい た卒園児の保護者から「ホタルが成虫 になった！」という一報が届いた。や かまし村で育てていたホタルは小さ いのか，この年はまだ羽化しなかっ た。6月3日，やかまし村のホールで 卒園児たちが集まって卒園児の家で  羽化したホタル5匹を見るためにホタル鑑賞会を行った。「キレイ！」「ホ タルがほんとにいる〜！」と嬉しそうにホタルの光りを見つめていた。 自分たちが里親になってから大事に育ててきたホタル。そして，1年間 追い続けてきた本物のホタルの光をやっと見ることができたのである。 保育者たちにとってもこの日の思いは忘れられない出来事であった。こ の1年間，まだ見ぬホタルという虫をここまで思い続けることができ た子どもたちは本当にすごいなぁと思わずにはいられなかった。

保育者は，このあと，このホタルたちを何とか交尾させ卵を産ませて， やかまし村の用水路に放して，少しずつ自生できる環境を作っていきた いと考えていた。この子たちが，20歳になったときに，やかまし村の 用水路でホタルの光が瞬いている風景を見られるようにすることが 次の保育者たちの大きな目標になった。


この日から1か月が過ぎた6月28日の夜。

その日の午前中に現けやき組（卒園した上記の子どもたちの一年下の 学年）の子どもたちがホタルらしき虫を見つけたということを知らせに 来て，園中が大騒ぎになった。オバボタルとは違い，ちゃんと発光器も

ついていた。「これはホタルなのか!?」と半信半疑のまま，保育者たち
は，その日の夜，やかまし村の用水路へ行ってみることにした。夜20時。
周りは，真っ暗だ。

　暗闇で足元もおぼつかず，なかなか前に進めないが，保育者の気持ち
は逸る。田んぼのあぜ道に立ち，用水路を眺め，必死に目を凝らすと，
光がぽつんと現れた。「ホタルだ……本当にやかまし村の用水路にホタ
ルが飛んでいる……」。続々と田んぼに降りてきた他の保育者たちもあ
まりの感動に声もなく立ち尽くし，思わず大声で「すごい！　すごい！」
と叫んでいた。

　子どもたちがやかまし村の用水路でずっと見たかったホタルの光が今
ここにある。それも，自然の姿のまま自由自在に飛んでいるのだ。ぴかっ
ぴかっと点滅しながら，まるで「ここにいるよ！」と知らせてくれてい
るかのように，光っていた。奇跡としか思えなかった。子どもたちの思
いが奇跡を起こしたとしか思えなかった。

　その日，卒園児でもあり職員の子どもである**あおい**は母と一緒にやか
まし村にいたため，かつてのけやき組の子どもの中でたった一人，ホタ
ルの光を見た。**あおい**と母はずっと，その場に立ち尽くし，言葉が出て
こない様子であった。**あおい**の母が**あおい**を抱きよせ，共に涙を流して
いた。本当に感動に包まれた瞬間だった。
「**あおい**たちがあきらめなかったからだ
ね。本当に見ることができたね。」と何
度も**あおい**に声をかけている姿に，保育
者も自然に涙が溢れてきた。このホタル
の光は，子どもたちがあきらめなかった
からこそ，見ることのできた光なのだ，

撮影：佐藤泰雄さん（通称山男さん）

がんばれば本当に夢が叶うこともあるんだと思わずにはいられなかった。

　子どもたちはこの1年間ずっとあきらめなかった。やかまし村の用水路でホタルを見ることをあきらめなかった。ホタルが住める地球にするために，自分たちができることをこつこつ続けてきた。そして，ついに子どもたちの願いが叶った。

　早速，卒園したけやき組の保護者に連絡を入れ，翌日の夜8時ごろから卒園児でホタルの光を見ることになった。お泊り会で作ったあのホタルブクロの提灯をもって，ホタルを見に来る子どもたちもいた。薄暗くなり，段々と暗くなってきたころにホタルの光がぽつん。またひとつ増え，ぽつん。どんどん増えていくホタルの光を子どもたちは瞬きもすまいと必死に追っていた。**うた**は「本当にあきらめなくって良かった！やかまし村でホタルが見ることができた。」**ひおな**は「『昔はホタルの用水路♪』じゃなくなっちゃったね。歌詞変えなきゃ！」と話していた。ただただ，ホタルの光を追って，田んぼのあぜ道を歩く子どもたちの姿が本当に嬉しかった。何度も何度も歩いたその道にホタルの光があった。子どもたちが大人になっていく中で，やかまし村で過ごしたかけがえのない日々を心の支えにしてほしいと思う。生きていく中で，もし辛いことやあきらめたくなりそうなことがあったときには，どうかこの日のことを思い出してほしい。そして，あきらめなければ叶うことがあるということを思い出し，前に進む手掛かりになってもらえたらと思う。「あきらめない。あきらめない。ぼくらはぜったいぜったいあきらめない」。子どもたちのこの言葉が，保育者にとっても自分自身をずっと支え続けてくれる大切な言葉となった。

## Ⅳ　5歳児が問うSDGs

　2015年，国連サミットにおいてすべての加盟国が合意した「持続可能な開発のための2030アジェンダ」の中で，持続可能な社会の実現を目指す世界共通の開発目標として掲げられたSDGs（Sustainable Development Goals）。日本国内でも，様々な取り組みがスタートしている。教育界は，その取り組みを果たす重要な場となることから，すでに様々な実践が進められ，その実践のいくつかが紹介されている（参考文献参照）。保育界も当然，その担い手として，この問題に向き合っていくことが求められているが，具体的な実践の検討は，これからと言ってもよいだろう。すでに幼児を対象としたSDGsを理解するための絵本や保育者向けの解説書が出版されているが，「SDGsとは何か」ということを，保育者が子どもに「教える」ところからスタートするのであれば，そもそもこの目標を達成する人材を育成しようとする教育（ESD）とは方向性が異なるようにも思われる。[2]

　本書の事例は，保育者がSDGsという取り組みを子どもに教えたわけではなく，子どもたちがSDGsという言葉を知っていて，そこに向かうための実践として意識して進めてきたわけでもない。本書のサブタイトルに「—5歳児のSDGsへの挑戦—」と題したのは，この実践を実践者と共に整理してきた編著者自身であるが，子どもたちが自分たちの園にホタルを呼び戻したいという気持ちから，外来生物であるアメリカザリ

2 文部科学省は，持続可能な開発のための教育（ESD）を以下の2点で説明している。
　①持続可能な社会づくりの担い手を育むため，現代社会における地球規模の諸課題を自らに関わる問題として主体的に捉え，その解決に向け自分で考え，行動する力を身に付けるとともに，新たな価値観や行動等の変容をもたらすための教育。
　②国際理解，環境，文化多様性，人権，平和等の個別分野を持続可能な開発の観点から統合した分野横断的な教育。（文部科学省「SDGs実現に向けた文部科学省の取組」資料より）

ガニの命と向き合い，ゴミ拾いを続け，地球にやさしいことを考え，実践したこのプロセスこそ，持続可能な開発のための教育実践（ESD）の取り組みそのものであると考えたからである。

　「主体的な保育」を目指す実践は，その実践内容において，まず子ども自身が興味を抱くことが重要であると考えられている。子ども自身にとっての当事者性—私にとって大事なこと（自分ごと）—がないところからは，子ども自身が動き出すことはない。「アメリカザリガニを料理する」「ただただゴミ拾いを続ける」などの「保育内容」は，これまで保育界で紹介されたり，例示され続けてきた保育内容とは，大きく異なる。その意味で，「特別な事例」のように理解されがちではあるが，本事例をここに取りあげた意味は，当然のことながら，単に「特別な事例」を紹介することに目的があったわけではない。

　「保育内容」とは，子どもの興味や関心からスタートすれば，どのようなテーマであれ，「保育内容」となりうること，そして，そのテーマの可能性を保育者が読み取り，子どもと共に探究の世界を愉しむことで，学びの深まる意味ある保育内容となることを示したかったことにある。もちろんそこには，保育者の限りない教材研究があり，子どもの思いと保育者の意図とのずれに揺さぶられつつ「計画」を更新し続ける作業があり，子どもの思いに応えるためのアプローチ（実践方法）の再三の見直しがあり，環境（園全体，地域，保護者）と共に，対話し続ける営みがある。

　保育を計画し，身近な教材を保育内容として子どもに提供する保育者と，それらを受け取り，知識や技術を獲得していく実践とは全く異なる営みがここにある。持続可能な社会づくりの担い手を育む教育とはこうした実践から出発するのではないか。SDGsという世界共通の大きな目

標をの実現を担う場として，保育が重要な役割を果たすことを求められているとするならば，実践を構築する要素（計画，内容，方法）の問い直しが必要なのではないかと考えている。

5歳児の探究は，時にSDGsという大きな課題を問うことにもつないでいくことができる。この事例から，これまで保育界が指標としてきたいわゆる幼児の発達段階や系統的になりがちな保育内容の見直しと共に，実践を構成する様々な要素を再考することで，今保育界が抱えている本質的な課題を解決する光が見えてくるともいえるのではないか。そんな希望をこの実践に感じた次第である。

## V おわりに

本著は，本シリーズの1冊目で紹介した実践の場の認定こども園みどりの森の姉妹園である認定こども園やかまし村の実践である。同一法人であることから，園の理念や保育の目標は同じではあるが，園の環境と対象が異なることから，保育の特徴には違いがある。同じ保育目標の下での実践でありながら，その実践の特徴が異なり，日々の保育内容も大きく違うことに，保育という営みの「臨床性」を感じずにはいられない。

近代学校教育は，この「臨床性」を削ぎ，無機質な「教室」という空間で，効率的な集団での教育を実践する場として構築されてきた。20世紀の社会を創りあげるうえでは，そうした学校教育が一つの役割を果たしたことは，事実であるが，その教育が残した課題が極めて大きなものであったことは，多くの研究や事例から明らかにしている通りである。

日本の保育は，今，大きな転換点に立たされている。保育の制度，内容だけでなく，様々な課題に直面している。小学生を対象に，「将来なりたい仕事」を調査すると，「保育の仕事」は必ず上位に上がる「人気

のある仕事」であるにもかかわらず，現実には極めて人材難に陥っている。「保育の仕事」の魅力や意味が何なのか，そのことが明らかにできていない故でもある。

　私自身，保育に関わりながら，数多くの素敵な実践に出会ってきた。それらの実践に共通するのは，保育者が専門家として自律し，子どもと共に学びあい育ちあうこの臨床の場を愉しんでいることである。

　やかまし村の保育者も同様である。開園して7年という歴史の浅い園ではあるが，子どもとともに園を取り巻く自然の不思議を探究し，園に関わる人々とつながり，小さな発見や変化に心を躍らせ，仲間（子ども，保護者，地域の人々，各分野の専門家等々）と共に生きている。毎年恒例の行事はなく，立派な発表の場があるわけではないが，日々の保育によって子どもたちの確かな力を育くみ，仲間と共にそのことを確認し合うその営みこそ，保育の本質であり，この仕事の意味でもあることを，やかまし村の子どもたち，そして保育者から学ばせていただいた。

　コロナ禍の混乱の中にあってもこれまで保育が大切にしてきたことを止めてはならない！という信念の下，人と人とが「密」―距離としての密ではなく関わり合いの深さとしての密―に関わり合うことでこそ生まれる関係を大切にしながら，創り出してきた実践とやかまし村の村人の生き様に，保育界の「これから」を考えるうえでの大きなヒントと勇気をいただいたように思う。

　本シリーズの1巻を出版させていただいたのち，次はやかまし村のこの実践を形にする仕事を，と私の肩をたたいてくれたのは，他ならぬやかまし村の村人たちである。彼らのエネルギーに突き動かされ，本著をまとめるに至った。そんな彼らに心から感謝申し上げたい。

　この実践を，迷いつつ悩みつつ子どもと共に作り出しながら，丁寧に記録を書き続けてくれた著者である大江文さん。大学3年生の終わりに，「保育を学びたい」と言って私の研究室に突然やってきて，自分の思いを吐き出すように語っていた文さんとの会話の一つ一つをついこの間のことのように思い出す。もっといろいろな保育を学びたいと言って，育ったこの地を離れ，関東の幼稚園に就職し，帰省するたびに自身の保育の報告をしてくれたこと。私の拙いアドバイスを全身で受け止め翌年の保育を試行錯誤していた姿。地元に戻って保育者として経験を積みながらも，もっと視野を広げたいと言って「学びの物語」の実践の場であるニュージーランドに留学したこと。帰国後，新たな保育の場に身を置いて，新人のような新鮮な目で，保育を見直し，考え，実践を創り出していた日々。文さんの今は，こうしたエネルギッシュな生き方と繊細な人との関わりの中から紡ぎだされたものなのだと確信している。いわゆるかつての「教え子」と「ゼミ教員」という関係を超えて，「よき保育仲間」としてここに共著を公刊できたことをこの上なくうれしく思う。今後も変わらず実践を語り合う仲間であり続けたいと心から願っている。

　最後に，再び困難な仕事を引き受けてくださったななみ書房の長渡晃氏には，重ねて感謝申し上げたい。こうした実践に共感し，職種を超えて，語り合っていただける仲間との出会いは，私にとって大きな喜びと励ましになっていることを感謝と共にここに記しておきたい。

　今年もやかまし村にやって来たホタルの光を追いながら

編著者　磯部裕子

（本研究の一部は，JSPS研究費〈17K04638〉の助成を受けたものである）

| 所在地及び環境 | 所在地：宮城県仙台市泉区野村東原屋敷 3 － 2<br>環　境：やかまし村は宮城県仙台市の中心部より 15km ほど北に位置し，田園の広がる仙台市泉区野村地区にある。野村地区は市街化調整区域であるため，宅地開発が規制されている。県道を挟んで南側には七北田川が流れ，田んぼの脇には用水路が張り巡らされ，七北田川へと注いでいる。北側はやかまし村の立つ土地の大家さんである若生家の屋敷林が広がる。 |
|---|---|
| 園の沿革 | 大正 13 年　仙台仏教託児園として運営を開始<br>昭和 23 年　みどり保育園に変更<br>昭和 34 年　財団法人仙台仏教みどり学園みどり幼稚園として認可<br>昭和 54 年　学校法人に移行<br>平成 元 年　園児減少により休園<br>平成 12 年　学校法人仙台みどり学園みどりの森幼稚園として，再園<br>平成 16 年　耐震化を主な目的として，園舎の全面改修<br>平成 27 年　幼保連携型認定こども園に移行<br>平成 29 年　仙台市泉区野村に姉妹園「やかまし村」を開園 |
| 教育目標 | ・自分がいやなことは人にしない<br>　自分がしてほしいことはすすんで人にしてあげる<br>・自分自身も地球の中の自然のひとつだということが感じられる<br>・人生における智慧を身につける |
| 定　員<br>（クラス内訳） | すぐり　　　（0 歳児）　　　　6 人<br>きいちご　　（1 歳児）　　　12 人<br>あんず　　　（2 歳児）　　　18 人<br>こうめ　　　（3 歳児）　　　30 人<br>くるみ　　　（4 歳児）　　　30 人<br>けやき　　　（5 歳児）　　　30 人 |
| 保育時間 | 教育時間　月〜金　9：00〜14：00<br>保育時間　月〜金　7：15〜19：15<br>　　　　　土　　　7：15〜18：15 |
| 保育内容の特色 | 認定こども園みどりの森の姉妹園として，平成 29 年 4 月に新設のこども園として開設した。みどりの森が仙台市の中心部にあることから，自然豊かな地での保育をと切望し，この地を選択した。教育目標，保育内容ともにみどりの森の保育の継承をとの思いで開設したが，自園の田んぼや周辺の環境を生かした独自の保育も息づき始めている。学園として初めての未満児保育を開始し，未満児も主体的な子どもの遊びを大切にしながら保育を展開している。 |

表 1　仙台みどり学園　幼保連携型認定こども園やかまし村 概要

71

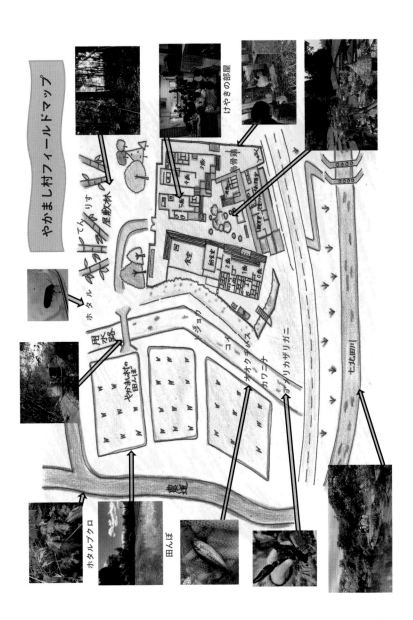

72

●参考文献●
・磯部裕子・山内紀幸『ナラティブとしての保育学』(幼児教育　知の探究 1) 萌文書林　2007
・今津奈鶴子 (さく)，上野健 (監修)『こけをみつけたよ』(かがくのとも 10) 福音館書店　2019
・及川幸彦／編著 大牟田市 SDGs・ESD 推進委員会／著『理論と実践でわかる!SDGs ／ ESD 持続可能な社会を目指すユネスコスクールの取組』明治図書出版　2021
・大宮勇雄／白石昌子／原野明子『子どもの心が見えてきた：学びの物語で保育は変わる』ひとなる書房　2011
・大場信義『ほたる』(田んぼの生きものたち) 農山漁村文化協会　2010
・奥本大三郎 (文)，石部虎二 (絵)『ホタルがひかってる』(かがくのとも 6) 福音館書　2000
・改訂版『日本の淡水魚』(山渓カラー名盤) 山と渓谷社　2001
・加古里子『かわ』 福音館書店　1966
・笠原裕一『ちいさないわのいちにち』(ちいさなかがくのとも 5) 福音館書店　2019
・川井唯史・野中俊文 (文)，浅井粂男 (絵)『にほんざりがに』(かがくのとも 8) 福音館書店　2014
・神沢利子 (文)，栗林慧 (写真)『ほたる』(かがくのとも 6) 福音館書店　2011
・北村友人・佐藤真久・佐藤学編著『SDGs 時代の教育：すべての人に質の高い学びの機会を』学文社　2019
・栗林慧『ホタル　光のひみつ』(科学のアルバム) あかね書房　2005
・神戸市『ぼくもわたしもホタルと友だち』(小冊子)
・小宮輝之 (文)，津田櫓冬 (絵)『ぼくのわたしのすいぞくかん』福音館書店　2000
・斉藤憲治 (文)，内山りゅう (写真)『くらべてわかる　淡水魚』山と渓谷社　2015
・さとうち藍 (文)，松岡達英 (絵)『冒険図鑑ー野外で生活するために』福音館書店　1985
・関慎太郎 (写真)，小杉みのり (文)『うまれたよ！ザリガニ』岩崎書店　2011
・仙台市ほたるの里づくり協議会『ホタルとなかよし』(小冊子)
・中瀬潤『うまれたよ！ホタル』岩崎書店　2019
・中山れいこ『ホタル』(いのちのかんさつ) 少年写真新聞社　2013
・東京ゲンジボタル研究所『ホタル百科』丸善出版　2004
・とうごうなりさ『あおさぎのさかなとり』(ちいさなかがくのとも 11) 福音館書店　2015
・東洋経済新報社編『東洋経済 ACADEMIC SDGs に取り組む幼・小・中・高校特集 Vol.2: 持続可能な未来をつくる SDGs・ESD 教育の実践』東洋経済新報社　2021
・平野伸明『野鳥記』福音館書店　1997
・松岡達英『よるになると』福音館書店　2015
・三芳悌吉『川とさかなたち』福音館書店　1984

●参考 web サイト●
・"外来ザリガニ　日本の外来種対策　外来生物法"環境省　2021 年 5 月 6 日
　　(https://www.env.go.jp/nature/intro/2ouutline/attention/ gairaizarigani.html)
・"アメリカザリガニ対策関係資料"環境省　2022 年 4 月 14 日
　　(https://www.env.go.jp/press/110890.html)

●編著者

磯部　裕子（いそべ　ひろこ）

聖心女子大学文学部教育学科卒業ののち，8年間保育者生活を送る。その後，青山学院大学大学院後期博士課程修了。

現在，宮城学院女子大学教育学部教授

専門は，保育のカリキュラム論，環境論。本務校で保育者養成に携わりながら，保育者と共に，実践研究を進めている。

2011年東日本大震災後に，被災地の保育を再生するために，保育者仲間と共に「みやぎ・わらすっこプロジェクト」を立ち上げ，代表を務める。

●著　者

大江　文（おおえ　あや）

幼保連携型認定こども園みどりの森　保育教諭

宮城学院女子大学　学芸学部児童教育学科卒業。神奈川県私立幼稚園，仙台市私立幼稚園で幼稚園教諭として7年間勤務ののち幼保連携型認定こども園やかまし村に保育教諭として着任。2022年より姉妹園幼保連携型認定こども園みどりの森に勤務。

小島　芳（幼保連携型認定こども園やかまし村　幼保連携型認定こども園みどりの森園長）エピソード(p.30)

奥山　絵里（幼保連携型認定こども園やかまし村　管理栄養士）エピソード(p.34)

帷子　桃華（幼保連携型認定こども園やかまし村　けやき組担任）Ⅲ (p.39〜p.43)

「学び」が深まる実践へ2　　ななみブックレットNo.14

用水路にホタルを戻したい！— 5歳児のSDGsへの挑戦

2023年8月1日　第1版第1刷発行

| ●編著者 | 磯部裕子 |
|---|---|
| ●発行者 | 長渡　晃 |
| ●発行所 | 有限会社　ななみ書房 |
| | 〒252-0317　神奈川県相模原市南区御園1-18-57 |
| | TEL　042-740-0773 |
| | http://773books.jp |
| ●絵・デザイン | 磯部錦司・内海　亨 |
| ●印刷・製本 | 株式会社　ながと |

©2023　H.Isobe

ISBN978-4-910973-02-9

Printed in Japan